知识生产的原创基地
BASE FOR ORIGINAL CREATIVE CONTENT

颉腾商业
JIE TENG BUSINESS

商业新思维

以税务优化
赋能商业成长

武礼斌　郭勤贵——著

NEW BUSINESS THINKING

ENABLING BUSINESS GROWTH THROUGH TAX OPTIMIZATION

SPM 南方传媒 | 广东经济出版社

·广州·

图书在版编目（CIP）数据

商业新思维．以税务优化赋能商业成长 / 武礼斌，郭勤贵著．—广州：广东经济出版社，2024.1

ISBN 978-7-5454-9040-4

Ⅰ．①商… Ⅱ．①武… ②郭… Ⅲ．①商业模式—研究 Ⅳ．① F71

中国国家版本馆 CIP 数据核字 (2023) 第 249561 号

策　　划： 颉腾文化
责任编辑： 汪宗跃
责任校对： 胡庭达　李　兰
封面设计： 王建敏

商业新思维：以税务优化赋能商业成长
SHANGYE XIN SIWEI：YI SHUIWU YOUHUA FUNENG SHANGYE CHENGZHANG

出版发行： 广东经济出版社（广州市环市东路水荫路11号11~12楼）
经　　销： 全国新华书店
印　　刷： 文畅阁印刷有限公司
（河北省高碑店市合作路西1号绿色印刷园区）

开　　本：	710mm×1000mm　1/16	**印　　张：**	15.75
版　　次：	2024年1月第1版	**印　　次：**	2024年1月第1次
书　　号：	ISBN 978-7-5454-9040-4	**字　　数：**	248千字
定　　价：	79.00元		

发行电话：（020）87393830　　编辑邮箱：gdjjcbstg@163.com
广东经济出版社常年法律顾问：胡志海律师　　法务电话：（020）37603025
如发现印装质量问题，请与本社联系，本社负责调换。

税务优化在商业模式设计中的重要作用

市场经济越发达，商业交易越繁荣。尽管近年“贸易保护主义”有所抬头，但全球化的浪潮势不可当。全球化给企业提供了广阔的市场空间，但也使企业面临更激烈的市场竞争。面对瞬息万变的市场环境，企业唯有不断优化和调整自身的商业模式，才能在竞争中立于不败之地。

税收，主要是对纳税人的所得、财产或应税行为的征税。税务成本是企业经营中不可避免的成本之一，伴随于企业从诞生到消亡的各个阶段。合理优化税务成本，有助于提升企业的市场竞争力。

市场经济是法治经济，市场主体拥有在法律允许的范围内合理安排自身事务的权利。不同的商业或交易安排可能实现同样的商业目的，但税务影响可能大相径庭。在市场经济条件下，税务优化安排有其存在的必要性和合理性。合理的税务安排，能使企业以较低的税务成本实现商业目的。如果不符合税法规定的所谓“税务优化安排”，就可能将企业置于巨大的风险当中，甚至给企业带来灭顶之灾。

因此，商业决策有必要引入基于合规前提下的“税务优化考量”。作为一名税务律师，在 16 年的执业生涯中，我有幸见证和参与了大量的真实商业案例，也代理了很多涉税争议案件、反避税调查案件及涉税刑事案件。这些经历，一方面使我对征纳双方基于不同立场的观念分歧有了更深刻的认识，另一方面也促使我在为商事交易提供涉税法律服务时，更加重视税务合规和税务风险防范。

在笔者看来，对税务优化的目标，不应一味追求最低税负，而是要在合规和商业可行的前提下实现税负优化。本书的合著者郭勤贵律师，是一位拥有 20 多年执业经验的商事诉讼律师，也是一位高产的财经作者。郭勤贵律师曾先后出版《互联网金融商业模式与架构》《互联网新商业模式：传统商业模式颠覆与重构》《股权众筹：创业融资模式颠覆与重构》《危机：1520—2021》等书籍，对商业模式创新和税务优化有深入独到的见解。

本书融入了作者对税务优化视野下商业模式设计和创新的认知与经验，总共分为四篇：第一篇概述了税务与商业的关系；第二篇介绍了企业如何在不同的商业决策程序中引入税务优化考量，以降低交易税负；第三篇介绍了纳税人进行跨境投资时，如何进行税务优化安排和如何防范反避税风险；第四篇重点介绍了税务优化的常见认识误区、不合规税务安排的法律风险和法律责任，以及纳税人如何应对税务稽查争议和刑事指控、如何实施法律救济等内容。第一篇由郭勤贵律师主笔，第二篇至第四篇由武礼斌律师主笔。

需要特别说明的是，考虑到税收法规和政策的变动、具体规定可能存在的模糊性、不同税务机关对相同规定的解释和执行口径差异，以及作者经验和认知的局限性等因素，书中难免有疏漏或不准确之处。欢迎对本书感兴趣的读者朋友批评指正，并与作者联系沟通（武礼斌律师邮箱 libin.wu@minterpku.com；郭勤贵律师邮箱 guogent@126.com）。

最后，特别感谢本书合著者郭勤贵律师的鞭策和鼓励，让本书最终得以问世；感谢北京明税律师事务所各位同事这段时间帮我分担工作、整理和查找资料、校对稿件等；感谢北京颉腾文化周中华董事长对本书出版的专业建议与大力支持；感谢客户多年的信任和陪伴，让我每年都有成长和进步；感谢家人的包容，让我可以在工作之余完成本书的写作。

武礼斌

2023 年秋日

CONTENTS | 目录

第二篇 如何进行税务优化，实现商业增长

第一篇

税务
与商业的关系

第一章 | 01

税务与商业的关系：有交易必有税

税务与商业关系密切，商业活动必然会产生税务问题。“税”是商业成本的重要组成部分。通过税务优化，合法合规合理地降低税费，就是降低了商业成本。对具体从事商业活动的某个公司而言，商业成本的降低，将极大地提高该公司的市场竞争力。

商业模式是商业中最重要的部分，是商业活动成败之关键。商业模式是利益相关者之间的交易结构，而税务也直接与交易结构有关。因此，税务与商业模式密不可分，是商业模式设计最重要的考虑因素之一。

第一节 商业的本质与商业模式创新

一、商业的本质

商业有广义与狭义之分。广义的商业是指整个经济活动过程，主要是讲理性经济人参与经济活动的过程，包括各行各业的经济活动。狭义的商业是指从事服务业或贸易的该类经济活动。本书中所述的商业是指广义的商业。

商业，从不同的角度可以给出不同的定义。美国西北大学的菲利普·科特勒（Philip Kotler）认为，商业是“人类通过交换过程满足需要和需求的活动”。密歇根州立大学的杰罗姆·麦卡锡（Jerome McCarthy）认为，商业是“通过预测顾客或客户需求，并引导满足需求的商品和服务从生产者流向顾客或客户，从而实现组织目标的各种活动”。美国市场营销协会将商业定义为：

“商业是一种组织职能，以及用于为顾客创造、沟通和传递价值，并以有利于组织及股东的方式管理顾客关系的一系列过程。”

大多数的商业行为是以成本以上的价格卖出商品或服务来营利，如微软、索尼、IBM、联想、通用等都是营利性的商业组织的典型代表。然而，某些商业行为只是为了提供运营商业所需的基本资金，一般称这种商业行为为非营利性的，如各种慈善基金会、红十字会等。

商业的本质是交易。从交易本质的角度看，商业具备如下几个要素。

（一）商业交易主体

商业交易的主体是指交易的各方，大致分为两大类，即供给方（卖方）与需求方（买方）。在复杂的商业交易过程中，卖方与买方会分别出现多个交易主体，也会出现多重交易，卖方与买方会不断转换交易身份——A 交易中的买方，也可能成为 B 交易中的卖方。

（二）商业组织

商业进化到一定阶段后，从个体交易转变成组织交易，生产开始复杂化、规模化。这样就出现了商业组织。

最初的商业组织是松散型的合伙体或类似于当下的私营企业，在大航海及地理大发现时代之后，北欧出现了现代商业组织，即公司。当时的公司有三类模式：第一类是英国的东印度公司，这种公司由英国国王颁发特许令，对外代表英国实施殖民地贸易和管理，拥有军事力量；第二类是为了应对全球探险与殖民的股份制公司，这种公司不具有发行股票的能力；第三类是荷兰的东印度公司，可以发行股份募资融资，股票可以在证券交易所交易。于是，荷兰依靠金融创新与技术创新成为继葡萄牙、西班牙崛起之后，又一个崛起的崭新资本帝国。荷兰为现代金融制度提供了股份公司、证券交易所、汇兑银行等三大创新。

现代商业组织中存在三方，即公司股东、公司员工和用户，该三方是商业组织的利益相关者。

（三）商业交易媒介

商业交易媒介有两类：一类是交易的等价锚定物，也就是货币或类货币。商业交易最初是简单地以货物换货物，为了提高效率，类货币或货币成为交易的等价锚定物。另一类是为交易提供服务的交易中介机构，如房地产中介、证券交易所、投行、评估机构等。

二、商业模式创新

清华大学经管学院的朱武祥教授与北大汇丰商学院的魏炜教授对商业模式的定义为：商业模式从本质上来讲，是利益相关者（包括顾客，后同）之间的交易结构。我们所说的利益相关者，包括内部利益相关者和外部利益相关者。

利益相关者的界限在哪里？“可独立”是一个重要的衡量标尺。因此，传统意义上的供应商、渠道、顾客等，都可以看成是利益相关者。某个组织内部的部门，如财务部，也可以看成是一个利益相关者。

商业模式是一个复杂的系统，其构成包括六个要素：业务系统、定位、盈利模式、关键资源能力、现金流结构和企业价值。其核心要素是业务系统，强调整个交易结构的类型、交易方的关系和各自的交易角色。定位强调满足顾客需求的方式，盈利模式强调与交易方相关的收入、成本结构及收支方式，关键资源能力强调支撑交易结构的资源和能力，现金流结构强调在时间序列上现金流的表现结果。这四个要素都可以看成是业务系统在不同侧面的映射或者反映。而企业价值则是商业模式创新的目标和最终实现的结果。这个商业模式定义被称为魏朱商业模式，即魏炜、朱武祥两位教授联合提出的原创管理理论。

商业模式不但关注外部利益相关者和内部利益相关者，还关注介于两者之间的类内部利益相关者。同时关注内部利益相关者和外部利益相关者，有助于拓宽企业边界理论的原有定义，也更利于企业决策。以利益相关者为核心分析一家公司的交易结构，有助于理解其商业模式。

魏朱商业模式谈到了利益相关者概念，何谓利益相关者呢？“利益相关者”

这一词最早被提出，可以追溯到 1984 年爱德华 · 弗里曼（Edward Freeman）出版的《战略管理：利益相关者方法》一书。书中明确提出了利益相关者管理理论。利益相关者管理理论是指企业的经营管理者为综合平衡各个利益相关者的利益要求而进行的管理活动。与传统的股东至上主义相比较，该理论认为任何一个公司的发展都离不开各利益相关者的投入或参与，企业追求的应是利益相关者的整体利益，而不仅仅是某些主体的利益。

该理论成为近年来兴起的倡导利益相关者共赢的“觉醒商业”运动的理论起点，北京颉腾文化传媒有限公司紧贴其理论核心，引进并出版了一系列相关著作，如《共情：觉醒商业的管理》《共赢：觉醒商业的实践》等。

任何一种商业模式都是一个由客户价值、企业资源和能力、盈利方式构成的三维立体模式。由哈佛大学教授马克 · 约翰逊（Mark Johnson）、克莱顿 · 克里斯坦森（Clayton Christensen）和 SAP 公司的 CEO（首席执行官）孔翰宁（Henning Kagermann）共同撰写的《商业模式创新白皮书》，把这三个要素概括为；

（1）“客户价值主张”，指在一个既定价格上企业向其客户或消费者提供服务或产品时所需要完成的任务；

（2）“资源和生产过程”，即支持客户价值主张和盈利模式的具体经营模式；

（3）“盈利方式”，即企业以之为股东实现经济价值的过程。

第二节　商业模式设计事关税务问题

一、商业过程中的税务

笔者认为，商业发展的底层进化逻辑是：科技延展媒介、媒介推动人文、人文改变商业。由此可见，人文直接变革与推动商业，而科技是商业发展的原始推动力。

所谓的商业过程是指整个商业环节，也就是各个商业主体以各种方式参与商业的过程。商业过程大致表现为：生产者（产品或服务的提供者）→商业交易服务者→产品或服务的消费者。

现代国家的财税体系与国民经济二次分配的基础制度，使得商业过程中必然伴随着“税”。我国现行的税收体制共包括十八大税种，与商业活动关系最为密切的一般是增值税、消费税、企业所得税、个人所得税等四大税种。

（一）增值税

增值税征收范围为：

（1）销售或者进口货物；

（2）提供加工和修理修配劳务；

（3）提供应税服务，应税服务是营改增之后新增加的征收范围。

增值税一般纳税人适用的主要税率有 13%、9%、6%、0%，小规模纳税人通常适用 3% 的征收率。

（二）消费税

消费税征收范围为在中国境内生产、委托加工和进口消费税暂行条例规定的消费品（特定消费品）。消费税的征收范围分布于 4 个环节：生产应税消费品、委托加工应税消费品、进口应税消费品、零售应税消费品。

消费税主要采用从价计征、从量计征和复合计税 3 种形式。

（三）企业所得税

居民企业应当就其来源于中国境内、境外的所得缴纳企业所得税。

非居民企业在中国境内设立机构、场所的，应当就其所设机构、场所取得的来源于中国境内的所得，以及发生在中国境外但与其所设机构、场所有实际联系的所得，缴纳企业所得税。非居民企业在中国境内未设立机构、场所的，或者虽设立机构、场所但取得的所得与其所设机构、场所没有实际联系的，应当就其来源于中国境内的所得缴纳企业所得税。

（四）个人所得税

个人所得税的纳税人，包括中国公民、个体工商户、个人独资企业、合伙企业投资者，以及在中国有所得的外籍人员和香港、澳门、台湾同胞。

中国现行的个人所得税制度采用分类所得和综合所得相结合的个人所得税税制及模式，共包括9类所得。个人所得的形式包括现金、实物、有价证券和其他形式的经济利益。

二、税务与商业模式关系

商业模式与税务密切相关，什么样的商业模式就决定了什么样的税务。商业模式的设计直接影响到与企业税负紧密关联的业务内容、营业利润、增值额，因此，商业模式设计事关税务问题。税务优化应该从商业模式的设计规划开始，一旦交易结构确定，税务就基本确定。税务优化是从交易结构设计开始的，而非交易结构确定之后再进行。

商业模式的设计应该在满足国家税收政策的前提下，尽可能选择适用国家税收优惠政策、税负轻的应税业务内容，最大限度地实现企业的利益最大化。

第二章 影响税务的三大重要商业因素

02

前文我们讲了，商业活动必然产生税务，有商必有“税”。在商业活动中，影响税务的三大重要商业因素分别是商业组织类型、商业模式设计和商业交易结构。

第一节　商业组织类型对税务的影响

在不同法域下，商业组织的法律类型不尽相同。大多数形式的商业组织都是商业生产力诸要素相结合的社会形式，是从事商业经营以追求利润最大化为目标的经营实体。商业组织是一种现实的商业生产力，是社会商品流通的载体，亦是市场最重要的主体。商业组织要成为有效率的市场主体，还必须具备以下几个特征：(1) 产权清晰，有明确的产权；(2) 在法律上与经济上是独立自主的商业实体；(3) 商业组织之间、商业组织与其他交易者之间地位平等。

一、我国法律体系下的商业组织

在我国法律体系下，存在如下5种类型的商业组织。

（一）股份有限公司

股份有限公司是指公司全部资本划分为等额股份，股东以其所持有股份为限对公司承担责任，公司以其全部资产对公司的债务承担责任的企业法人。

《中华人民共和国公司法》(以下简称《公司法》) 规定，设立股份有限公司，应当有 2 人以上 200 人以下为发起人。由于所有股份公司均须是负担有限责任的公司（但并非所有有限公司都是股份公司），所以一般合称为“股份有限公司”。

股份有限公司产生于 18 世纪的欧洲，19 世纪后半期广泛流行于世界资本主义各国。股份有限公司在资本主义国家的经济中占据统治地位。

1．股份有限公司的基本特征

（1）股份有限公司是独立的经济法人；

（2）股份有限公司的股东人数不得少于法律规定的数目，如中国相关法律规定，股东人数最少为 2 人；

（3）股份有限公司的股东对公司债务负有限责任，其限度是股东应交付的股金额；

（4）股份有限公司的全部资本划分为等额的股份，通过向社会公开发行的办法筹集资金，任何人在缴纳了股款之后，都可以成为公司股东，没有资格限制；

（5）公司股份可以自由转让，但不能退股；

（6）公司账目须向社会公开，以便于投资人了解公司情况，进行选择；

（7）公司的设立和解散有严格的法律程序，手续复杂。

由此可以看出，股份有限公司是典型的“资合公司”。一个人能否成为公司股东取决于他是否缴纳了股款、购买了股票，而不是取决于他与其他股东的人身关系，因此股份有限公司能够迅速、广泛、大量地集中资金。虽然无限责任公司、有限责任公司、两合公司的资本也都划分为股份，但是这些公司并不公开发行股票，股份也不能自由转让，证券市场上发行和流通的股票都是由股份有限公司发行的。因此，从狭义上讲，股份公司指的就是股份有限公司。

2．股份有限公司的设立方式

股份有限公司的设立方式主要有如下两种：

（1）发起设立。所有股份均由发起人认购，不得向社会公开招募。

（2）募集设立。发起人只认购股份的一部分，其余部分向社会公开招募。在不同的国家，股份有限公司的设立规定有所不同。有的国家规定，只有在全部股份均被认足时，公司才得以成立。有的国家则规定，股份有限公司实行法定资本制的，以认足全部股份为成立的条件；股份有限公司实行授权资本制的，可以不认足全部股份。

（二）有限责任公司

有限责任公司，简称有限公司，中国的有限责任公司是指根据《中华人民共和国市场主体登记管理条例》（以下简称《市场主体登记管理条例》）规定登记注册，由50个以下的股东出资设立，每个股东以其所认缴的出资额为限对公司承担有限责任，公司以其全部资产对公司债务承担全部责任的经济组织。有限责任公司包括国有独资公司以及其他有限责任公司。

1．有限责任公司的主要特征

有限责任公司（有限公司）是我国企业最重要的一种公司制组织形式，是根据《市场主体登记管理条例》的规定注册成立的。其优点是设立程序比较简单，不必发布公告，也不必公布账目，尤其是公司的资产负债表一般不予公开，内部机构设置灵活。其缺点是由于不能公开发行股票，所以筹集资金范围和规模一般都比较小，难以适应大规模生产经营活动的需要。因此，有限责任公司（有限公司）这种形式一般适用于中小型非股份制公司。

2．有限责任公司的股权转让

股份公司的发起人持有的股份一年内不得转让。相对于股份公司而言，有限责任公司的股权转让更为严格，具体如下：

（1）对内转让股权。有限责任公司的股东之间可以相互转让其全部或者部分股权。

（2）向股东之外的其他人转让股权：

①有约定按约定：公司章程对股权转让另有规定的，从其规定。

②没有约定按法定：股东向股东之外的人转让股权，应当经“其他股东

过半数”（大于 1/2）同意。

③优先购买权：经股东同意转让的股权，在同等条件下，其他股东有优先购买权。两个以上股东主张行使优先购买权的，协商确定各自的购买比例；协商不成的，按照转让时各自的出资比例行使优先购买权。

3．一人有限责任公司

股份公司至少有 2 个股东，有限责任公司股东可以是 1 个。股东只有 1 个的有限责任公司被称作一人有限责任公司。一人有限责任公司相比于其他有限责任公司而言，《公司法》规定得更为严格。

一人有限责任公司简称一人公司、独资公司或独股公司。《公司法》第五十七条规定：“本法所称一人有限责任公司，是指只有一个自然人股东或者一个法人股东的有限责任公司。”

《公司法》规定：“一个自然人只能投资设立一个一人有限责任公司。该一人有限责任公司不能投资设立新的一人有限责任公司”；“一人有限责任公司不设股东会”；“一人有限责任公司应当在每一会计年度终了时编制财务会计报告，并经会计师事务所审计”；“一人有限责任公司的股东不能证明公司财产独立于股东自己的财产的，应当对公司债务承担连带责任”。

实质意义上的“一人公司”在西方国家特别是美国较为普遍。因为美国许多州的公司法律规定董事必须拥有一定数额的公司股份，即资格股，所以许多公司的股份绝大部分比例由 1 个股东拥有，另外极小比例的股份由公司董事拥有。

（三）合伙企业

合伙企业是指由各合伙人订立合伙协议，共同出资，共同经营，共享收益，共担风险，并对企业债务承担无限连带责任的营利性组织。合伙企业的合伙人可以是自然人、法人或法律许可的其他组织。合伙企业不具有独立的法人资格。

1．合伙企业的主要特征

（1）经营期限有限。合伙企业比较容易设立和解散。合伙人签订了合伙协议，就宣告合伙企业成立。新合伙人的加入，旧合伙人的退休、死亡、自愿清算、破产清算等均可造成原合伙企业的解散以及新合伙企业的成立。

（2）法律责任无限。合伙企业作为一个整体对债权人承担无限责任。按照合伙人对合伙企业的责任，合伙企业可分为普通合伙企业和有限合伙企业。普通合伙企业的合伙人均为普通合伙人，对合伙企业的债务承担无限连带责任。有限合伙企业由一个或几个普通合伙人和一个或几个责任有限的合伙人组成，即合伙人中至少有一个人要对企业的经营活动负无限责任，而其他合伙人只能以其出资额为限对债务承担偿债责任，因而这类合伙人一般不直接参与企业经营管理活动。

（3）合伙人相互代理。合伙企业的经营活动由合伙人共同决定，合伙人有执行和监督的权利。合伙人可以推举负责人。合伙负责人和其他人员的经营活动由全体合伙人承担民事责任，换言之，每个合伙人代表合伙企业所发生的经济行为对所有合伙人均有约束力。因此，合伙人之间较易发生纠纷。

（4）合伙财产按份共有。合伙人投入的财产，由合伙人统一管理和使用，不经其他合伙人同意，任何一位合伙人不得将合伙财产移作他用。只提供劳务、不提供资本的合伙人仅有权分享一部分利润，而无权分享合伙财产。

（5）利益共享。合伙企业在生产经营活动中所取得、积累的财产，归合伙人共有，如有亏损则亦由合伙人共同承担。损益分配的比例，应在合伙协议中明确规定，未经规定的可按合伙人出资比例分摊或平均分摊。以劳务抵作资本的合伙人，除另有规定者外，一般不分摊损失。

（6）对合伙人的限定：国有独资公司、国有企业、上市公司以及公益性事业单位、社会团体不得成为普通合伙人。

2．合伙企业的分类

合伙企业类型有普通合伙企业和有限合伙企业两大类。其中，普通合伙企业又包含特殊的普通合伙企业与一般的合伙企业两类。

（1）有限合伙企业。《中华人民共和国合伙企业法》（以下简称《合伙企业法》）第二条规定："有限合伙企业由普通合伙人和有限合伙人组成，普通合伙人对合伙企业债务承担无限连带责任，有限合伙人以其认缴的出资额为限对合伙企业债务承担责任。"该合伙企业不同于普通合伙企业，它由普通合伙人与有限合伙人组成，前者负责合伙企业的经营管理，并对合伙企业债务承担无限连带责任；后者不执行合伙事务，仅以其出资额为限对合伙企业债务承担有限责任。

相对于普通合伙企业，有限合伙企业允许投资者以承担有限责任的方式参加合伙成为有限合伙人，有利于提高投资者的积极性，并可以使资本与智力实现有效的结合，即拥有财力的人作为有限合伙人，拥有专业知识和技能的人作为普通合伙人。这样不仅能使资源得到整合，也实现了企业管理权和出资权的分离，且可以结合企业管理方和资金方的优势，对市场经济的发展起到积极的促进作用。

（2）普通合伙企业。普通合伙企业由普通合伙人组成，合伙人对合伙企业债务承担无限连带责任。《合伙企业法》对普通合伙人承担责任的形式有特别规定的，从其规定。国有独资公司、国有企业、上市公司以及公益性的事业单位、社会团体不得成为普通合伙人。

普通合伙企业有两大特征：其一，由普通合伙人组成。所谓普通合伙人，是指在合伙企业中对合伙企业的债务依法承担无限连带责任的自然人、法人和其他组织。其二，合伙人对合伙企业债务依法承担无限连带责任，法律另有规定的除外。所谓无限连带责任，包括两个方面：一是连带责任；二是无限责任。

在普通合伙企业中还有一种特殊的合伙类型，即特殊的普通合伙企业。《合伙企业法》第五十五条规定："以专业知识和专门技能为客户提供有偿服务的专业服务机构，可以设立为特殊的普通合伙企业。"作为特殊的普通合伙企业的合伙人，在通常情况下，仍按照普通合伙企业的规定承担无限连带责任。但如果一个合伙人或者数个合伙人在执业活动中因故意或者重大过失造成合伙企业债务的，有责任的合伙人应承担无限责任或者无限连带责任，而其他合伙人以其在合伙企业中的财产份额为限承担责任。

设立这一新经营模式的原因在于注册会计师事务所、律师事务所等专业服务机构，虽采用合伙的模式，但各合伙人之间往往各自开展业务，彼此之间相对比较独立。采用特殊普通合伙模式后，可以保护无责的合伙人的利益，保证经营的稳定性。

（四）个体企业（个人独资企业）

个体企业是由 1 个自然人出资兴办，由其本人直接经营的企业，又称个人独资企业。个人享有企业的全部经营所得，同时对企业的债务负有完全责任。个体企业一般规模较小，内部管理机构简单。在市场经济体制下，这种形式的企业数量庞大，占企业总数的大多数，而且个体企业是最早的企业形式。但由于规模较小，发展能力有限，在整个经济中不占有支配地位。个体企业通常存在于零售商业、自由职业、个体农业等领域。

1．个体企业的优缺点

个体企业有 3 个优点：（1）建立与歇业的程序十分简单易行，产权能比较自由地转让；（2）经营者与所有者合二为一，经营方式灵活、决策迅速、利润独享、保密性强；（3）善于精打细算，勤劳节俭。

同时，个体企业也有 2 个缺点：（1）多数个体企业本身财力有限，取得贷款的能力较差；（2）企业的生命力弱。

2．个体企业与个体工商户的异同

（1）个体企业与个体工商户的不同点。

①场所要求不同。个体工商户可以无固定场所，但个人独资企业必须有固定的生产经营场所。

②名称要求不同。个人独资企业在命名时必须选择行业名称，有合法的企业名称。个体工商户无此要求。

③主体与经营者的一致性不同。个体工商户的投资者和经营者必须是投资个体工商户的自然人，个人独资企业的投资者和经营者可以是不同的人。

个人独资企业的投资者可以委托或聘请他人管理个人独资企业事务，个人独资企业的所有权和经营权可以分开。个人独资企业更符合现代企业制度的特点。

④主体转让情况不同。个体工商户投资者不得转让，个人独资企业投资者要根据财产转让所得缴纳个人所得税。

（2）个体企业与个体工商户的相同点。

①所得税类型相同。个体工商户和个人独资企业均须缴纳个人所得税和增值税，且均不具备法人资格，无须缴纳企业所得税。个人所得税适用于5%～35%的5级超额累进税率。

②税收征收方式相同。在税收政策方面，两者都可以被认定为一般纳税人或小规模纳税人，都可以采用查账或核定征收的方式。

③承担同样的责任。以个人或家庭财产承担无限责任。个体工商户，可分为个体经营和家庭经营两种形式；个人独资企业也可分为以个人财产出资的个人独资企业和以家庭财产出资的个人独资企业。如果选择个人投资，则需要以其个人财产承担无限责任。如果选择以家庭财产投资，则需要以其家庭财产承担无限责任。

④开票和报税一样。发票与正常企业无区别，个体工商户与个人独资企业基本一致。

（五）个体工商户

个体工商户是指在法律允许的范围内，依法经核准登记，从事工商经营活动的自然人或者家庭。单个自然人申请个体经营，应当是16周岁以上有劳动能力的自然人。家庭申请个体经营，作为户主的个人应该有经营能力，其他家庭成员不一定都有经营能力。个体工商户享有合法财产权，包括对自己所有的合法财产享有占有、使用、收益和处分的权利，以及依据法律和合同享有各种债权。

《中华人民共和国民法典》（以下简称《民法典》）对个体工商户作了详尽的规定，第五十四条规定："自然人从事工商业经营，经依法登记，为个体工商户。个体工商户可以起字号。"第五十六条规定："个体工商户的债务，个人经营的，以个人财产承担；家庭经营的，以家庭财产承担；无法区分的，以家庭财产承担。”第三百九十六条规定：“企业、个体工商户、农业生产经营者可以将现有的以及将有的生产设备、原材料、半成品、产品抵押，债务人不履行到期债务或者发生当事人约定的实现抵押权的情形，债权人有权就抵押财产确定时的动产优先受偿。”

二、五种类型商业组织的税务差异

（一）不同类型商业组织之间的差异

股份有限公司、有限责任公司、合伙企业、个人独资企业、个体工商户等常见的商业组织形式，在法律地位、账务处理以及税务处理上存在差异。具体如下：

1．法律地位不同

公司包括有限责任公司和股份有限公司。有限责任公司（股东 1 ~ 50 人）权益总额不作等额划分，股东的股权通过所认缴的出资额比例表示，股东完成实缴的，账务上确认为“实收资本”，资本溢价记入“资本公积——资本溢价”科目。股份有限公司，以其全部资本分为等额股份，股东以所持有股份为限对公司承担责任。股份有限公司实际收到资本，账务上记入“股本”科目，资本溢价记入“资本公积——股本溢价”科目。有限责任公司不得上市，股份有限公司满足上市条件，可申请上市，公开募集资金。公司（包括有限责任公司和股份有限公司）均有独立法人资格，公司可独立对外从事法律行为，承担法律责任。

合伙企业是由合伙人共同出资、共同经营、共享收益、共担风险的自愿联合体。合伙企业不具有法人资格。合伙企业根据合伙人的不同可以分为普通合伙企业和有限合伙企业，普通合伙企业均由普通合伙人组成（至少 2 个普通合伙人），所有合伙人（不论其出资比例，不论是否执行合伙企业事务）对所有的合伙企业债务均承担无限连带责任。有限合伙企业由普通合伙人和有限合伙人（2 ～ 50 个合伙人，至少有 1 个有限合伙人和 1 个普通合伙人）设立。有限合伙企业的普通合伙人对合伙企业的债务承担无限连带责任，有限合伙人以其出资额对合伙企业债务承担有限责任。

个人独资企业是由一个自然人投资，全部资产为投资人所有的营利性组织，其特点是个人出资、个人经营、个人自负盈亏和自担风险。个人独资企业不具有独立法人资格，投资人对企业的债务承担无限连带责任。

个体工商户是指自然人从事工商业经营，经依法登记为个体工商户的组织。个体工商户不属于企业的范畴，个体工商户的债务，个人经营的，以个人财产承担；家庭经营的，以家庭财产承担；无法区分的，以家庭财产承担。

2．账务处理不同

建账方面，对公司、合伙企业以及个人独资企业的要求比较高，需要建立复式账；对个体工商户而言，根据注册资本金、月销售额的不同，建账要求也不同，个体工商户规模较小、不具备建账条件的，可按核定征收方式缴税。

账务处理方面，一般大中型企业和上市公司执行会计准则，小型企业和个体工商户执行小企业会计准则。

3．税务处理不同

在所得税方面，公司有独立法人资格，公司层面需要缴纳企业所得税，符合小微企业标准的可以享受小微企业的优惠政策。公司分配给自然人股东的分红，自然人股东需要缴纳 20% 的分红个税；股东是法人的，居民企业之间的分红可以享受分红免税的优惠政策。

合伙企业、个人独资企业以及个体工商户不具有独立法人资格，无须缴纳企业所得税。合伙企业中自然人合伙人、个人独资企业投资人、个体工商户业主按照生产经营所得缴纳个人所得税。合伙企业中的法人合伙人，执行“先分后税”的原则，不管实际是否分配，均需要按照合伙协议约定的分配比例计算应分配的红利。红利需要并入法人企业的企业所得税应纳税所得额，计算缴纳企业所得税。

（二）商业组织与纳税管理

纳税管理其实可以分为三大层面：顶层设计、经营业务和财务处理。我们重点分析顶层设计中的最基本因素——经营主体设计。

经营主体的设计指的是企业的法律组织形式。经营主体的设计与选择可以分为4种：公司、合伙企业、个人独资企业、个体户。选择的关键决策点有3个：股东法律责任、规范程度、纳税管理。

1. 股东法律责任的考量

从法律风险角度考量，有限公司将企业财产和投资者个人财产之间清晰区分并严格划定界限。正常情况下，即使企业经营失败，也仅就投入企业的法人财产承担责任，不影响投资人个人财产。这就是有限公司的真正价值所在。

相比之下，个人独资企业、合伙企业和个体工商户都要承担无限责任。也就是说，这些主体的财产与风险同投资人个人无法分开，一旦出现问题，个人必须承担无限连带责任，当然也就风险巨大。

分公司是个比较特别的存在，它不是独立的主体，不具有法人资格，没有独立法人财产，不能独立对外签署协议，也无法独立承担民事责任。分公司严格来说是总公司的分支机构，即使独立核算，风险同总公司也无法切割，一旦出现问题，总公司必须兜底。

2. 规范程度的考量

规范与不规范的重要区别为，公司是依靠规则还是依靠人来管理。公司通常情况下会更加规范，个人独资企业、合伙企业相对规范程度要差一些，个体工商户就更不必说了。

规范的价值就在于“做大”。如果是一个可以做大的事业，更适用于公司的形式；如果仅是经营一家夫妻店，则个体工商户的形式更加适合。

3. 纳税管理的考量

纳税主体的组织形式、设立地点、所处行业、持股架构、经营规模、商业模式、交易模式等，都或多或少地影响纳税主体和投资人的最终税收负担。

第二节　商业模式设计对税务的影响

商业模式设计要考虑外部商业模式与内部商业模式。但综合来看，对外而言主要是考虑市场竞争力，在交易定价、上下游供应链模式、收入模式、产品与服务方式等方面如何赢得用户、赢得市场。如果不能赢得用户和市场，生意就难以持续下去。对内而言，就是如何激励与分配，通过激励与分配体系凝聚研发、生产及销售各环节力量，以此获得市场。

因此，商业模式设计需要兼顾和考量的因素众多，税务是其中重要的因素之一。设计商业模式时，需要考虑税务成本，考虑采取哪种交易结构有利于优化税负或降低税率，避免不必要的交易环节与重复低效的交易模式。

第三节　商业交易结构对税务的影响

一、商业交易结构的概念

商业交易结构，是买卖双方以合同条款的形式所确定的、协调与实现交易双方最终利益关系的一系列安排。一个完整的商业结构包括六大要素:（1）收购方式（资产 / 股权）;（2）支付方式（现金 / 股权互换）与时间;（3）交易组织结构（离岸与境内、企业的法律组织形式、内部控制方式、股权结构）;（4）融资结构;（5）风险分配与控制;（6）退出机制。达成交易结构的共识，是买卖双方谈判协商中很重要且费时的阶段之一。

政府的税收政策、利率政策，以及在某些情况下的外汇管制政策、行业准入政策、对跨国并购的行政审批政策、国有资产转让的特殊政策等及其变动，对跨国并购的交易成本和交易风险影响重大。

二、基于税务考量的商业交易结构设计

设计交易结构的出发点是在不违反法律法规的前提下，选择一种法律安

排，以便尽可能满足交易双方的意愿，在交易双方之间达成平衡并降低交易成本和交易风险，并最终实现并购交易。

值得注意的是，交易结构设计有必要从税务角度考量和权衡。下面两个例子说明了交易结构设计的重要性。

案例 2-1：甲公司拟收购 A 资产，其收购方式有两种：股权收购与资产收购。如果该资产是法律禁止转让的，则资产收购模式行不通，只能采用股权收购这一唯一的收购模式。若非此种情形，可以选择上述两种方式之一。但在具体操作时，就需要从税务及法律风险角度作利弊分析。基于税务角度考量也就是考虑交易的费用与成本问题，对比股权收购与资产收购模式，兼顾买卖双方税务方面的利益考量，选择最具税务优惠的收购方式。

案例 2-2：甲、乙、丙三方进行交易，乙方（假定为一般纳税人）为中间贸易商。交易的环节与流程有两种方案：其一，乙方采购甲方的货物，再卖给丙方。在这种情况下，产生了两个销售合同，产生了两笔交易，须各自纳税。其二，乙方作为中间方，三方签署协议。甲方与丙方直接交易，乙方作为中间方，从而成为一个交易中介。在这种交易结构下，乙方只收取佣金服务费。在第一种模式下，乙方需要缴纳 13% 的增值税。在第二种模式下，作为提供中介服务的乙方通常只需要缴纳 6% 的增值税。

第三章 03

从税务角度设计商业模式的必要性

第一节　税务优化的目标

税务优化是决定企业最终纳税额的关键因素之一。税务优化的目的在于实现合法税务利益最大化，其基本目标是企业价值最大化。具体如下：

一、减轻税收负担

税务优化首先要帮助纳税人减轻税负，这是税务优化方案的最高目标。直接减轻税收负担是企业税务优化所要实现的目标之一。

二、获取资金时间价值

资金是有时间价值的。纳税人通过一定的手段，将当期应该缴纳的税款延缓到以后年度缴纳，从而获得资金的时间价值，这是税务优化目标体系的有机组成部分之一。

三、提高自身经济利益

企业从事经济活动的最终目的，是使总体的经济效益最大化，而不仅仅是少缴税款。企业进行税务优化，应服从企业的长远目标，以实现可持续发展，从而在相当长的时段里实现利润最大化目标。

四、维护企业自身的合法权益

维护自身合法权益是企业进行税务优化必不可少的一环，借以从依法纳税的角度对权利的失衡进行调整，以实现税收与经济的良性互动，促进经济的长期持续发展。

第二节　税务优化有效性的评价标准

一、税务优化有效性的判断标准

税务优化的有效性可以通过以下 3 条基本标准来判断：

（一）符合税收法律规范

税收具有强制性，如果偏离了纳税规定，企业将面临涉税风险，甚至可能面临法律制裁。因此，这是评估税务优化有效性最基本的、不可或缺的标准。

（二）符合成本效益原则

作为一个理性的“经济人”，企业的任何经济活动都要求收益大于成本。税务优化活动当然也不例外。

任何一项税务优化方案的实施都有其两面性，纳税人在取得部分税收利益的同时，必然会为实施该方案付出成本费用。这些成本费用包括因税务优化而引起的一切支出或其他损失。如果税务优化的节税额不能弥补这些支出和损失，那么这种税务优化就是毫无意义的，因而也是无效和不可取的。

（三）符合企业的战略利益

税务优化是企业的一种长期行为和事前筹划活动，因此需要具有长远的战略眼光，不仅要着眼于总体的管理决策之上，有时还要与企业发展战略结合起来。如果仅局限于短期和局部利益，而不考虑战略利益，那么这样的税务优化活动往往是得不偿失的，也是无效的。

例如，仅因为贷款利息能在税前列支而大量从银行贷款，其结果必然会加大后续年度的成本和还贷风险。因此，税务优化正确的取向是以整体利益、长远利益为重，把税务优化活动放在整体经营决策中加以考虑，综合兼顾各税种及相关利益人的利益。

二、税务优化绩效评价

（一）税务优化净收益

是指企业开展税务优化活动所取得的节税收入与投入成本之间的差额。

（二）税务优化成本收益率

是指税务优化净收益与税务筹划成本之间的比率，包括直接成本收益率与间接成本收益率。

（三）税务优化风险净收益

是指税务优化净收益扣减税务优化方案下风险的净收益。

（四）税务负担降低率

是指企业开展税务优化之后，降低的税务负担与既往税务负担之间的比率。

第三节　税务优化的执行原则

税务优化的执行原则，是指税务优化必须遵守的基本底线或原则，具体如下：

（1）必须在国家政策、法律、法规及规范性文件允许的范围之内进行，这是税务优化的底线与红线。

（2）必须针对纳税主体（法人或自然人）的经营活动或投资行为，该行为是真实存在的，税务事项与经营或投资必须对应，保持一致性。

（3）在事前而非事后进行，即事前选择税收利益最大化的纳税方案处理自己的生产经营和投资理财活动等。

基于以上原则可以看出，税务优化的目的在于实现合法税务利益最大化，其本质与核心就是在法律允许的范围内，通过对经营事项的筹划，使企业获取税收利益。企业对经营中各环节，如组织结构、内部核算、投资、交易筹资、产权重组等事项进行筹划，在众多的纳税方案中选择税收负担低的方案。

第四节　降低税务成本就是降低商业成本

增值税和企业所得税是企业缴纳的两大主要税种。在国家的整个税收收入中，增值税和企业所得税纳税总额分别位列第一和第二位。

实际税负是指一个企业的应付税款占营业收入的比重。根据 A 股上市公司年报中披露的各项税额，以 2017 年至 2021 年上半年总共四年半的加权平均值来看，服务、批发零售、运输仓储、科研技术、生产制造、金融、房地产和电力能源等八大行业税负水平，最高一档的行业增值税实际税负率的区间为 6.41% ～ 6.56%；中间一档的税负率的区间为 3.45% ～ 4.67%；最低一档的税负率的区间为 1.03% ～ 1.85%。[①] 具体见表 3-1。

表 3-1　2017 年至 2021 年上半年八大行业增值税实际税负率

档位	区间	行业
最高档	6.41% ～ 6.56%	房地产、电力能源
中间档	3.45% ～ 4.67%	科研技术、生产制造以及金融
最低档	1.03% ～ 1.85%	服务、批发零售以及运输仓储

① 税纪云平台 . 中国企业税负到底有多高，上市公司数据说话（企业税务数字化管理系列报道一）.[EB/OL].（2021-12-03）.https://baijiahao.baidu.com/s?id=1718113054563789789&wfr=spider&for=pc.

如表3-2所示，最高一档的行业所得税的实际税负率的区间为4.38%～5.10%；中间一档的税负率的区间为2.24%～2.27%；最低一档的税负率的区间为0.70%～1.45%。此外，行业的所得税实际税负率大致与其营业利润率水平成正比，营业利润率越高的行业，所得税实际税负率越高。

表3-2 2017年至2021年上半年八大行业所得税实际税负率

档位	区间	行业
最高档	4.38%～5.10%	房地产、金融
中间档	2.24%～2.27%	运输仓储、电力能源
最低档	0.70%～1.45%	批发零售、服务、科研技术、生产制造

商业管理界公认的“竞争战略之父”迈克尔·波特（Michael E. Porter），提出过三大基本竞争战略，其中之一就是成本领先战略。成本领先战略，也称为低成本战略，是指企业通过信息技术降低成本，使企业的全部成本低于竞争对手的成本，甚至是同行业中最低的成本，从而获取竞争优势的一种战略。税务成本是企业的成本之一，因此，降低税务成本就是降低企业成本。税务优化是降低企业税务成本的重要方法与途径。

第四章 | 04

税务安全与商业传承

第一节　苹果公司的启示：税务优化助力商业模式创新和企业扩张

跨国公司的全球避税策略引发了国际社会对于“避税”的思考与激烈争论，世界各国纷纷展开国际反避税行动。本部分以苹果公司避税案为例，阐明合理的税务优化如何助力商业模式创新和企业扩张，但笔者并非支持激进的税务优化方案。

一、苹果公司如何进行税务优化

《纽约时报》披露，苹果公司的战略之一就是利用不同国家和地区之间的税率差异这一漏洞进行“避税”。

（一）苹果公司税务优化策略概述

苹果公司在全球多个国家和地区，如美国内华达州雷诺市、爱尔兰、荷兰、卢森堡、英属维尔京群岛等地设立办事处。苹果公司通过将利润转移到低税率的美国州和海外国家的子公司，使其应纳税税率大大降低，并远低于大多数同等规模的企业。研究数据显示，苹果公司 2011 年在美国仅联邦税一项就成功减少纳税 24 亿美元。以其在雷诺市设立的子公司 Braebum 为例，尽管苹果公司不在雷诺市生产或设计任何产品，但相当一部分销售利润却流入这个 Braebum 公司。它帮助苹果公司规避了在其他州所产生的高额赋税，原因是内华达州不征收企业所得税。

其实，苹果公司最令世界瞩目的不是其在美国当地的避税策略，而是其设计的名为“Double Irish With A Dutch Sandwich（双层爱尔兰夹荷兰三明治）”的国际避税策略。该策略沿用已久，并已被其他跨国公司纷纷效仿，甚至直接沿用。

苹果公司利用其在爱尔兰和荷兰的子公司，合法地将利润转入子公司，然后再转出到加勒比岛国。因为上述三地需要缴纳的企业所得税税率很低或根本无须缴纳，苹果公司因此成功进行了合理、合法的“国际避税”。

（二）设立卢森堡子公司实施税务优化安排

苹果公司在卢森堡设立了名为 iTunes 的子公司。该公司在卢森堡只有几十名员工，且公司注册情况显示其规模小、办公环境布置简洁。当许多国家和地区的顾客在苹果公司官方网站下载歌曲、电视节目或者应用软件后，相关的收入会流入登记在卢森堡的 iTunes 公司名下。

其实，苹果公司在卢森堡设立子公司的目的在于享受当地的优惠政策。卢森堡税收优惠政策规定，对于通过开展新业务、采用新制造流程或提供高科技服务而获得的利润，可以免除高达 8 年的 25% 的公司所得税和市政营业税。

因此，苹果公司作为高科技公司，只需将高科技服务类的交易放在卢森堡进行操作，就可以减免一定程度的税收。苹果公司选择卢森堡这一国际避税乐园进行国际避税，除了使自身免受数十亿美元的税负外，还使本应属于其他国家及美国本土的税收收入人为地流入卢森堡。这一做法是引发争议及国际反避税行动的原因。

（三）“双层爱尔兰夹荷兰三明治”税务优化策略

“双层爱尔兰夹荷兰三明治”，是 1994 年由苹果公司的一名欧洲财务经理蒂姆·詹金斯（Tim Jenkins）提出并帮助建立的一种国际避税策略。这种税务框架帮助苹果成功实现了公司利润的转移，并进行了国际避税。

苹果公司之所以选择爱尔兰，同样是因为爱尔兰政府向苹果公司提供了税收优惠政策。苹果公司将其在美国加州产生的专利使用费转移到了爱尔兰，享受了12%左右的税率，而非美国高达35%的税率。

另外，苹果公司还将爱尔兰子公司的部分所有权交给了位于英属维尔京群岛上的鲍德温控股无限公司。而鲍德温控股无限公司注册登记的管理人正是苹果公司的首席财务官彼得·奥本海默（Peter Oppenheimer）。在英属维尔京群岛注册公司的优势在于该地区政府保护股东利益，不需要公布受益人身份，且允许一人完全拥有一家有限公司。同时，该地区实施低税率，对外资有限公司税务管制很少。爱尔兰与荷兰签有税收协议，欧盟成员国公司之间的交易免缴所得税。

“双层爱尔兰夹荷兰三明治”策略很好地解释了苹果公司的一些报告数字，如苹果公司2011年年报显示公司税前利润70%来自国外，30%来自美国当地。

二、税务优化的价值：促进企业商业模式创新与扩张

从财务角度而言，节省的税款最终转化成了企业的利润。以所得税为例，降低5个税点，就等于增加了5个利润点。对于大型企业而言，这些因节税而产生的利润，可以投入研发，不断创新，寻找第二增长点。蛋糕做大后，给国家缴纳的税款也增加，这是一个良性循环。

用税收的原理去创新商业模式和资本运作，将有助于打通企业盈利与发展的“任督二脉”。企业应当从事前、事中、事后3个层面来规范税务管理，以税务规划为切入点创新商业模式，优化交易结构，提升市场竞争力。

苹果公司的税务优化安排，促进了苹果公司的发展及其在全球范围内的扩张。作为国际科技巨头的苹果公司（2022年苹果公司市值巅峰时期高达近19万亿人民币），通过税务优化策略，每年可以减少高达几十亿美元的税费。值得注意的是，随着各国加强国际反避税立法和执法，类似苹果公司的避税安排当前可能仍然面临一定的反避税风险。

第二节　避免税务违规是企业基业长青的基础

一、薇 ×× 税案

（一）案情回顾

2021 年，浙江省杭州市税务部门经税收大数据分析，发现网络主播黄 ××（网名：薇 ××）涉嫌偷逃税款，在相关税务机关协作配合下，依法对其开展了全面深入的税务检查。

经查，黄 ×× 在 2019 年至 2020 年期间，通过隐匿个人收入、虚构业务转换收入性质、虚假申报等方式偷逃税款 6.43 亿元，其他少缴税款 0.6 亿元。

在税务调查过程中，黄 ×× 能够配合并主动补缴税款 5 亿元，同时主动报告税务机关尚未掌握的涉税违法行为。综合考虑上述情况，国家税务总局杭州市税务局稽查局依据《中华人民共和国个人所得税法》《中华人民共和国税收征收管理法》《中华人民共和国行政处罚法》（以下分别简称《个人所得税法》《税收征收管理法》《行政处罚法》）等相关法律法规规定，按照《浙江省税务行政处罚裁量基准》，对黄 ×× 追缴税款、加收滞纳金并处罚款，共计 13.41 亿元。其中，对隐匿收入偷税但主动补缴的 5 亿元和主动报告的少缴税款 0.31 亿元，处 0.6 倍罚款计 3.19 亿元；对隐匿收入偷税但未主动补缴的 0.27 亿元，处 4 倍罚款计 1.09 亿元；对虚构业务转换收入性质偷税少缴的 1.16 亿元，处 1 倍罚款计 1.16 亿元。杭州市税务局稽查局已依法向黄 ×× 送达税务行政处理处罚决定书。

（二）违法事实

根据杭州市税务局稽查局有关负责人就黄 ×× 偷逃税案件答记者问，薇 ×× 的违法事实主要为：2019 年至 2020 年期间，黄 ×× 通过隐匿其从直播平台取得的佣金收入虚假申报偷逃税款；通过设立上海蔚贺企业管理咨询中心、上海独苏企业管理咨询合伙企业等多家个人独资企业、合伙企业虚构业务，将其个人从事直播带货取得的佣金、坑位费等劳务报酬所得转换为企业经营所得进行虚假申报偷逃税款；从事其他生产经营活动取得收入，未依法申报纳税。

根据上述通报可以看出，薇 ×× 所采取的税务优化方案“通过设立上海蔚贺企业管理咨询中心、上海独苏企业管理咨询合伙企业等多家个人独资企业、合伙企业虚构业务，将其个人从事直播带货取得的佣金、坑位费等劳务报酬所得转换为企业经营所得进行虚假申报偷逃税款”等，触碰了税务优化三原则的第二条：必须针对纳税主体（法人或自然人）的经营活动或投资行为，税务事项与经营或投资必须保持一致性。

二、税务违规的风险

每个企业都想做百年企业，实现基业长青。即便不能成为伟大的企业，也想成为可以持续经营的企业，源源不断为社会、为股东、为员工创造价值。但做一家基业长青的企业，必须防范和化解成长与发展过程之中的各种风险，比如市场风险、经营风险、法律风险及税务风险等。

合理的税务优化方案有助于企业的发展和壮大。但不合理或者“名为规划，实为偷税”的所谓“税务优化”方案，不仅不能实现少缴税款的结果，还将置企业和股东于巨大的风险当中，甚至带来灭顶之灾。

作为企业管理层，应高度重视纳税风险的管理，不但要体现在制度上，更要体现在领导者的管理意识中。只有在合规的前提下实施税务优化安排，才可能实现企业的基业长青。

第二篇

如何进行税务优化，实现商业增长

第五章 05

商业模式落地与税务优化执行

无论是对没有任何经验的初次创业者，还是对希望将某个创新项目独立运作的大型企业而言，商业模式落地之前都需要考虑，承载未来商业梦想的组织将以何种形式设立。商业组织设立和商业模式落地阶段的考量因素包括企业的组织形式、投资方的持股比例和持股架构、企业的设立地点、税款征收方式、是否需要预留股份进行员工激励等。

如前文所述，上述因素均可能在一定程度上影响企业或投资人的实际税负。例如，公司制企业存在公司和个人股东层面的双重征税问题；合伙制企业不涉及在合伙企业层面缴纳所得税，但个人合伙人通常需要按生产经营所得缴纳 5% ～ 35% 的个人所得税。设立在西部大开发地区的鼓励类企业即使不符合高新技术企业的认定条件，也可享受西部大开发地区 15% 的企业所得税优惠。而同样的企业如果注册在北京，则无法享受 15% 的税收优惠。

商业组织的设立需要综合考虑多种因素，如法律责任、管理便利性等，税收并不是唯一的考量因素。但在商业可行的前提下，合理选择企业组织形式、持股架构、设立地点等，可以优化相关主体的税负和投资人的投资回报。

第一节　企业组织形式与税务优化管理

一、企业组织形式概述

企业组织形式总体上可分为两类：法人制实体和非法人制实体。法人制实体包括有限责任公司和股份有限公司[①]。非法人制实体包括三类：个体工商户（又称"个体户"）[②]、个人独资企业和合伙企业（包括普通合伙企业和有限合伙企业）。

企业设立时选择的组织形式不同，出资人承担的责任也会因之不同。法人制企业的股东以认缴出资额为限对公司债务承担责任。除了有限合伙人是以认缴出资额为限对有限合伙企业的债务承担有限责任，非法人制的个体户、个人独资企业的出资人、合伙企业的普通合伙人，均对企业的债务承担无限连带责任。

个体工商户、个人独资企业和一人有限公司的主要区别见表 5-1。

表 5-1 个体工商户、个人独资企业和一人有限公司的主要区别

	个体工商户	个人独资企业	一人有限公司
投资主体	1 个自然人	1 个自然人	1 个自然人或 1 个法人
注册资本	没有注册资本或最低投资额要求	没有注册资本或最低投资额要求	没有注册资本或最低投资额要求，但法律、行政法规以及国务院决定对一人有限公司注册资本实缴、注册资本最低限额另有规定的，从其规定
投资者与经营者是否是同一人	投资者与经营者是同一人	可以自行管理企业事务，也可以委托或者聘用其他具有民事行为能力的人负责企业的事务管理	自行管理或聘任其他人员
是否需要字号	可以没有字号	需要字号	需要字号
是否需要固定经营场所	可以在固定经营场所经营，也可以流动经营	有固定经营场所	有固定经营场所
是否可以设立分支机构	不可以	可以	可以

① 有限责任公司和股份有限公司，统称为"有限公司"或"公司"。
② 理论界对于个体工商户是否属于一种企业组织形式存在争议。在日常法律活动中，个体工商户的法律行为能力往往受到一定的限制。很多时候，个体工商户是以投资者个人名义进行法律活动。本书将个体工商户作为一种与个人独资企业等并列的一种非法人制企业。

（续表）

	个体工商户	个人独资企业	一人有限公司
法律责任	个体工商户的债务，个人经营的，以个人财产承担；家庭经营的，以家庭财产承担；无法区分的，以家庭财产承担	投资人以其个人财产对企业债务承担无限责任	股东以出资额为限对公司债务承担责任
财务制度	原则上应建立账簿，如税务部门不作要求的，也可以不进行会计核算	应建立账簿	应建立账簿
所得税制度	缴纳个人所得税；查账征收，适用 5% ～ 35% 的累进税率；核定征收，采用定额或定率	缴纳个人所得税；原则上查账征收，适用 5% ～ 35% 的累进税率	缴纳企业所得税；法定税率为 25%（符合税收优惠条件的，适用优惠税率）

二、不同组织形式企业的税收制度概述

企业组织形式的不同，会导致纳税义务上存在比较大的差异。合理选择和利用不同组织形式的税务处理差异，有利于降低股东或出资人的整体税负。

（一）税收制度差异概述

不同组织形式的企业，税收制度方面的差异主要体现在所得税（包括企业所得税和个人所得税），而流转税（增值税、消费税等）和财产行为税等税种的税收规则基本一致。

公司制法人企业涉及公司和自然人股东层面的双重征税。在所得税方面，公司需要就利润首先缴纳 25% 的企业所得税。公司将税收利润分配给自然人股东时，自然人股东还需要缴纳 20% 的个人所得税。

非法人制的个体户、个人独资企业、合伙企业，均属于所得税的税收透明体，本身不涉及缴纳任何所得税。个体户、个人独资企业的投资人以及合伙企业的合伙人，从企业取得的所得属于个人所得税法下的生产经营所得，适用 5% ～ 35% 的累进税率。合伙企业的普通合伙人是自然人的，比照个体

户的生产经营所得，适用 5% ～ 35% 的累进税率。合伙企业的合伙人是公司的，按照先分后税的原则，由公司制合伙人将分得的应纳税所得额并入自身的应税所得并计算缴纳企业所得税。

（二）企业组织形式选择的一般税务考量因素

企业设立阶段组织形式的选择，需要综合考虑商业目的、法律责任和企业的具体情况等多种因素。

一般而言，非法人制下个人投资者或合伙人最高适用 35% 的所得税税率，高于公司制下公司层面 25% 的法定税率。但公司制存在公司和股东层面的双重征税问题，从个人投资者的角度看，合伙企业等非法人制实体的理论税负低于公司制。假定公司制和非法人制实体的收入、成本结构和税前利润相同，从所得税角度看，公司制下个人投资者的实际税负为 40%，非公司制个人投资者的所得税税负低于 35%。[①]

但上述分析并未考虑单个企业的具体情形，比如可享受的税收优惠等。假定公司制企业是高新技术企业，该企业可享受 15% 的税收优惠。在此情形下，采用公司制的设立模式可能对个人投资者而言更为有利。

三、利用企业组织形式的税制差异进行个税规划

（一）案情回顾

案例 5-1：A 公司是一家于 2010 年 12 月注册成立的有限责任公司，主要从事自动化配件的研制、生产和销售，自动化设备的研制、生产和销售，以及自动化设备、配件的进出口贸易。

2021 年初，公司的注册资本为人民币 1 000 万元，股东包括自然人股东和公司股东两类。根据审计报告，A 公司截至 2020 年 12 月 31 日的账面净资产为人民币 1 亿元。其中，累计盈余公积为人民币 1 000 万元，未分配利润为

① 此处的税负指所得税占税前利润的比重。

1 000 万元，非投资溢价形成的资本公积为 2 000 万元。

A 公司拟将注册资本由 1 000 万元增加到 5 000 万元，增资资金来源为将公司的盈余公积、未分配利润和资本公积转增为注册资本。同时，A 公司基于上市目的，计划于 2023 年初启动股份制改造，整体变更为股份有限公司。

（二）先转增股本后股份制改造的税务影响

《国家税务总局关于股权奖励和转增股本个人所得税征管问题的公告》（国家税务总局公告 2015 年第 80 号）第二条第一款规定："非上市及未在全国中小企业股份转让系统挂牌的中小高新技术企业以未分配利润、盈余公积、资本公积向个人股东转增股本，并符合财税〔2015〕116 号文有关规定的，纳税人可分期缴纳个人所得税；非上市及未在全国中小企业股份转让系统挂牌的其他企业转增股本，应及时代扣代缴个人所得税。"

A 公司作为未上市企业，如果在股份制改造前以未分配利润、盈余公积、资本公积向个人股东转增股本，个人股东需要缴纳 20% 的个人所得税。因居民企业之间的股息、红利分配免税，A 公司转增股本时公司制股东不涉及缴纳任何的所得税。

同时，如果 A 公司符合中小高新技术企业的条件，对于以未分配利润、盈余公积转增注册资本的部分，个人股东可以申请 5 年内分期纳税。

（三）资本公积转增股本个税优化方案

《国家税务总局关于股份制企业转增股本和派发红股征免个人所得税的通知》（国税发〔1997〕198 号）规定："股份制企业用资本公积转增股本不属于股息、红利性质的分配，对个人取得的转增股本数额，不作为个人所得，不征收个人所得税。"

如果 A 公司先进行股份制改造，再用资本公积转增注册资本，则个人股东可有效避免资本公积转增股本潜在的个人所得税纳税义务。

第二节　持股架构与税务优化管理

一、持股架构概述

（一）持股架构的类型

持股架构又称控股架构，是指最终的实际投资者和受益人（通常与实际投资者为同一主体）持有标的公司股权的架构。

站在最终投资人的角度，持股架构可分为投资人直接持股架构和间接持股架构两类。间接持股架构中的持股平台主要有合伙企业、公司和信托架构3类；从中间持股平台的层级划分，又分为单层、双层和多层架构。

持股架构和中间控股公司设立形式的选择通常需要综合考虑多种因素，包括管理的便利性、退出的便利性和合规性、是否需要对实际投资人的信息进行保护、架构整体的税收有效性、资产隔离和财富传承等。

（二）对3种基础投资架构的一般税务比较

常见的3种基础投资架构为：投资者直接持有标的公司股权、投资者通过合伙企业持有标的公司股权、投资者通过中间控股公司持有标的公司股权。

从税收角度看，不同持股架构主要影响的是投资人获取投资收益和投资退出时的税务成本。

1．个人直接持股的税务影响

在个人直接持有标的公司股权情形下，个人的投资收益主要来源于标的公司的分红和退出时的股权转让收益。

个人从标的公司取得的股息、红利所得需要缴纳20%的个人所得税，个人转让标的公司股权取得的转让所得（转让收入—持有成本及其他费用）需要缴纳20%的个人所得税。

2．投资者通过合伙制持股平台持有标的公司股权的税务影响

合伙企业属于所得税税收透明体，本身无须缴纳任何的所得税，但合伙

人为个人的，应缴纳个人所得税。

有关股息、红利所得，自然人直接持股和通过合伙制持股平台持股的税率相同。根据《国家税务总局关于〈关于个人独资企业和合伙企业投资者征收个人所得税的规定〉执行口径的通知》（国税函〔2001〕84号）的规定，个人独资企业和合伙企业对外投资分回的利息或者股息、红利，不并入企业的收入，而应单独作为投资者个人取得的利息、股息、红利所得，按“利息、股息、红利所得”应税项目计算缴纳个人所得税。但对于上市公司而言，自然人通过合伙制持股平台间接持有上市公司股份取得的分红收入，不能享受股息、红利差别化征税优惠政策。另外，公司制投资人通过合伙企业持有标的公司股权时，税务机关通常不认可公司制投资人取得的股息、红利收入可以免税。

与自然人直接持股不同，自然人通过合伙制持股平台转让标的公司股权时，该转让所得通常需要并入合伙企业的其他生产经营所得，适用5%～35%的税率缴纳个人所得税。①

3. 个人通过公司制持股平台持有标的公司股权的税务影响

有关股息、红利所得，因居民企业之间的股息、红利免税，个人直接持股和通过公司制持股平台间接持股的税负相同。

对股权转让所得而言，如果采用中间持股公司先转让标的公司股权再分配给个人投资者，该笔转让所得存在公司和个人股东层面的双重征税问题。若采用个人转让持股平台公司股权的方式间接退出在标的公司的投资，则可避免第一种方式所造成的重复征税问题。

二、改变持股主体税务优化案例

（一）案情回顾

案例5-2：A公司是一家于2009年注册成立的股份制生物制药企业，该

① 选择单一基金核算的合伙制创业投资企业的股权转让所得，自然人LP（有限合伙人）适用20%的比例税率。

公司股票于 2020 年 1 月起在股转系统挂牌转让。

A 公司在新三板挂牌后，部分高管个人拟转让部分直接持有的 A 公司股票给非关联的第三方用于改善生活。

（二）个人转让新三板挂牌公司原始股的纳税义务

个人转让挂牌公司原始股可能涉及缴纳个人所得税、增值税及附加[①]、印花税。

财政部、税务总局和证监会联合发布的《关于个人转让全国中小企业股份转让系统挂牌公司股票有关个人所得税政策的通知》（财税〔2018〕137 号）规定："对个人转让新三板挂牌公司原始股取得的所得，按照'财产转让所得'，适用 20% 的比例税率征收个人所得税。"

因此，个人直接转让 A 公司原始股给第三方需要缴纳 20% 的个税。

（三）原始股转让个税优化案例

为降低个人转让挂牌公司原始股的个人所得税，实务中一些纳税人采用分步交易的优化方案，即持有挂牌公司原始股的个人先将股票低价转让给亲属，再由亲属转让给第三方。

根据《股权转让所得个人所得税管理办法（试行）》（国家税务总局公告 2014 年第 67 号）第十三条的规定，"符合下列条件之一的股权转让收入明显偏低，视为有正当理由：……（二）继承或将股权转让给其能提供具有法律效力身份关系证明的配偶、父母、子女、祖父母、外祖父母、孙子女、外孙子女、兄弟姐妹以及对转让人承担直接抚养或者赡养义务的抚养人或者赡养人"。因此，属于前述法规规定范围内的亲属间低价转让股份具有正当理由，主管税务机关不会对股权转让收入进行核定。

近亲属低价取得 A 公司股票后，该股票已经不属于 A 公司的原始股。根据财税〔2018〕137 号文的规定，个人转让新三板挂牌公司非原始股[②]取得的

① 实务中，各地税务机关对股东转让新三板股票是否需要缴纳增值税的执行标准不一。一些税务机关认为转让新三板股票应按"金融商品转让"计算缴纳增值税；也有税务机关认为新三板挂牌公司并非上市公司，转让新三板股票不同于转让金融商品，无须缴纳增值税。

② "非原始股"是指个人在新三板挂牌公司挂牌后取得的股票，以及由上述股票孳生的送、转股。

所得，暂免征收个人所得税。

通过上述方案，可有效避免转让挂牌公司原始股的个人所得税。

第三节 区域性税收优惠与税务优化管理

一、区域性税收优惠概述①

（一）区域性税收优惠存在的合理性

经过40多年的改革开放，中国经济取得了举世瞩目的巨大成就，跃升为仅次于美国的全球第二大经济体。对于造就中国奇迹的原因，经济学者们虽众说纷纭，但正如经济学家张五常先生所说，地区间的竞争是其中的重要推手之一。

地区间的竞争往往是全方位、立体化的，涉及人才、制度、自然环境、营商环境、招商引资政策等方面的竞争。同时，不同区域的发展也受到自身的资源禀赋、地理区位、传统思想观念等的影响和制约。但作为幅员辽阔的大国，地区竞争在造就中国经济奇迹的同时，也导致不同省份和地区的经济发展不平衡。总体而言，东南沿海地区的经济发展水平较高，中西部和东北地区的经济发展相对落后。

税收优惠或财政扶持和奖励安排，是地方政府吸引企业投资的重要手段之一。为支持和鼓励经济欠发达地区或特定地区的发展，中央政府可能出台针对特定地区、特定纳税人的税收优惠政策。同时，地方政府基于招商引资或扶持特定行业发展的目的，也可能给某类企业或纳税人给予税收优惠或财政扶持和奖励。在此意义上，区域性税收优惠有其存在的经济合理性。

① 本书所讲的区域性税收优惠，是指包括财政奖励、财政扶持资金等广义的税收优惠。

（二）区域性税收优惠的类型和特点

根据制定税收优惠相关部门的层级划分，税收优惠可以分为中央层面的税收优惠和地方层面的优惠。

中央层面的税收优惠是由全国人民代表大会或全国人民代表大会常务委员会、国务院或国务院组成部门制定或出台的优惠政策。西部大开发地区15%的企业所得税优惠、新疆喀什和霍尔果斯五年免税优惠以及海南自贸港税收优惠等，都属于中央层面的税收优惠。中央层面税收优惠的特点在于其政策的稳定性和长期性。

地方层面的税收优惠大体可分为3类：第一类，地方各级人民代表大会或政府根据法律、行政法规的授权制定的税收优惠；第二类，地方各级人民代表大会或政府在权限范围内制定或出台的与税收不挂钩的财政奖励、扶持政策；第三类，地方政府实施的与税收挂钩的税收奖励、返还政策。

第三类地方层面的优惠政策，实质上违反了国务院2015年5月发布的《国务院关于税收等优惠政策相关事项的通知》（国发〔2015〕25号）的规定。国发〔2015〕25号文第四条规定："各地区、各部门今后制定出台新的优惠政策，除法律、行政法规已有规定事项外，涉及税收或中央批准设立的非税收入的，应报国务院批准后执行；其他由地方政府和相关部门批准后执行，其中安排支出一般不得与企业缴纳的税收或非税收入挂钩。"

另外，相对中央层面的优惠政策，地方性政策的缺点是稳定性差。实务中，纳税人可能会面临不能及时全额兑付以及兑付难的问题。

二、典型区域性税收优惠简介

（一）海南双"15%"的所得税优惠

1. 海南税收优惠政策出台的背景

2018年4月13日，习近平总书记在庆祝海南建省办经济特区30周年大会上郑重宣布，党中央决定支持海南全岛建设自由贸易试验区，将海南打造成为全面深化改革开放试验区、国家生态文明试验区、国际旅游消费中心、国家重大战略服务保障区。

作为新时代全面深化改革开放的新标杆，海南的税收政策对标中国香港、新加坡等自由贸易港，力度空前。

2．海南自贸港特殊税收政策

作为全面深化改革开放试验区，海南自贸港未来的税收制度将与国内其他地方存在巨大差异。根据安排，海南将在2025年前适时启动全岛封关运作。《海南自由贸易港建设总体方案》明确提出，全岛封关运作后要实施零关税政策和“五税合一”销售税改革。

当前，海南最引人瞩目的税收优惠莫过于企业所得税15%的税收优惠和个人所得税最高“15%”的优惠（又称“双15%优惠”）。企业所得税方面，财政部和国家税务总局发布的《关于海南自由贸易港企业所得税优惠政策的通知》（财税〔2020〕31号）明确提出：“对注册在海南自由贸易港并实质性运营的鼓励类产业企业，减按15%的税率征收企业所得税。”个人所得税方面，财政部和税务总局发布的《关于海南自由贸易港高端紧缺人才个人所得税政策的通知》（财税〔2020〕32号）规定：“对在海南自由贸易港工作的高端人才和紧缺人才，其个人所得税实际税负超过15%的部分，予以免征。”

（二）新疆喀什和霍尔果斯的所得税优惠

为支持新疆地区的发展，国家出台了一系列扶持政策。2011年9月30日，国务院发布了《关于支持喀什、霍尔果斯经济开发区建设的若干意见》（国发〔2011〕33号）。国发〔2011〕33号文规定：“2010年至2020年，对经济开发区内新办的属于重点鼓励发展产业目录范围内的企业，给予自取得第一笔生产经营收入所属纳税年度起企业所得税五年免征优惠。”

国发〔2011〕33号文及后续财税支持政策发布后，吸引了大量“轻资产、高利润”的影视传媒、股权创投、广告文化、信息技术和咨询服务类等公司在当地注册或将注册地迁往当地。随着我国“一带一路”倡议的部署与推进，霍尔果斯一度成为“一带一路”上最火爆的明星城市。

2021 年 5 月底，财政部和国家税务总局发布《关于新疆困难地区及喀什、霍尔果斯两个特殊经济开发区新办企业所得税优惠政策的通知》（财税〔2021〕27 号），延续了之前五年免税的企业所得税优惠政策。

三、区域性优惠在税务规划中的运用

（一）案情回顾

案例 5-3：A 公司是一家于 2009 年在南方某省注册的公司型创业投资企业，持有 B 上市公司 3% 的股份。A 公司的股东均为自然人。2015 年，A 公司持有的 B 公司股票解禁，A 公司拟将其持有的 B 公司股票转让。

A 公司的股票减持涉及缴纳所得税、增值税及其附加、印花税。在正常情况下，A 公司转让 B 公司股票，需要先在 A 公司层面缴纳 25% 的企业所得税，分配给自然人股东时还要缴纳 20% 的个人所得税，综合所得税税负高达 40%。为此，A 公司希望优化限售股减持中的相关税负。

（二）“迁址 + 公司变合伙”的税务优化方案

合伙企业属于所得税税收透明体，可以避免公司制企业在公司和股东层面的重复征税问题。且在 2021 年之前，很多地方对于有限合伙企业的自然人有限合伙人（Limited Partner，LP）（简称自然人 LP）执行的是 20% 的比例税率。

为降低减持过程中的所得税税负，A 公司采用了如下优化方案：将 A 公司迁址到新疆喀什，并从有限公司变更为有限合伙企业。

1．公司可以变更为合伙企业吗

除新疆外，中央及全国其他地方并未有有限公司变更为合伙企业的相关规定。原理上，有限公司变更为合伙企业，通常视为公司解散清算后，股东拿分得的财产重新出资设立为合伙企业。

新疆地区基于招商引资目的，经自治区工商部门[①]同意，允许符合如下条件的公司直接变更为合伙企业：

- 公司债权人对公司变更为合伙企业未提出异议；
- 公司设立 2 年以上，公司全体股东已按照章程规定或股东会议决定足额缴纳全部出资；
- 国有股东成为合伙企业合伙人已获得国有资产监管部门的批准，外商投资公司变更为外商投资合伙企业已获得商务部门的批准；
- 合伙人在 2 人以上、50 人以下，必须有 1 个以上普通合伙人；
- 符合合伙企业设立登记的其他条件。

2. 公司变更为合伙企业是否需要缴税

有关公司变更为合伙企业的税务处理，《财政部、国家税务总局关于企业重组业务企业所得税处理若干问题的通知》（财税〔2009〕59 号）第四条第一款明确规定："企业由法人转变为个人独资企业、合伙企业等非法人组织，或将登记注册地转移至中华人民共和国境外（包括港澳台地区），应视同企业进行清算、分配，股东重新投资成立新企业。企业的全部资产以及股东投资的计税基础均应以公允价值为基础确定。"

按照上述规定，A 公司的"迁址 + 公司变合伙"的优化方案似乎并不能起到节税的效果。A 公司变更为合伙企业时要视同清算和分配。公司清算所得超过累计未分配利润和盈余公积的部分视同财产转让所得。由此可知，A 公司清算所得需要先缴纳 25% 的企业所得税，股东取得的超过原始出资和累计未分配利润的部分需要缴纳 20% 的个人所得税。这跟 A 公司直接将股票转让在税务上没有区别。

那为何还有如此多的上市公司的法人股东减持前要进行这番操作呢？其原因还是在于新疆特殊的区域性优惠政策，即对于迁入新疆的股权投资企业可以享受五年免税的企业所得税优惠。因此，即使 A 公司变更为合伙企业时需要视

① 原工商管理局已变更为"市场监督管理局"。

同清算，也不会导致A公司缴纳任何的企业所得税。

但一直以来，实务界和理论界对于公司变更为合伙企业的过程中，为何减持所得可以适用20%的比例税率一直解释不清或很少触及。笔者认为，“迁址+公司变合伙”的优化方案下，A企业减持B公司股票适用20%的税率有其合理性，主要原因在于：公司变更为合伙企业和变更完成后的减持操作一般时间间隔较短，且通常在同一纳税年度。根据财税〔2009〕59号文的规定，A公司清算时要视同A公司将B公司的股票按公允价格转让，A公司的股东需要对超过原始出资和累计未分配的利润缴纳个税。由此可知，A公司的原股东在“公司变合伙”时就视同转让了B公司的股票，A公司原股东对视同取得的股息、红利应适用20%税率缴纳个人所得税。如果A公司变更为合伙企业后，实际处置B公司股票的价格高于“公司变合伙”时点的“视同转让价格”，对于超过的差额部分，自然人LP仍然适用的是20%的税率。实际操作中，个人股东都是在A公司变更为合伙企业后，最终处置B公司股票时作为个税纳税时点一次性申报缴纳个税。

因此，“迁址+公司变合伙”的税务优化方案可以起到节税效果。2011年至2016年期间，有很多上市公司的公司制股东在减持前均进行了类似的操作。

第四节　税款征收方式与税务优化管理

一、税款征收的方式概述

（一）税款征收的方式及其类型

税款征收的方式主要包括查账征收和核定征收两种。

查账征收，要求纳税人准确核算自身的财务信息，并根据实际财务状况按期向税务机关申报税款。核定征收是与查账征收相对的一种征收方式，主要适用于纳税人因会计核算不健全或计税依据明显偏低等原因难以确定纳税人应纳税额时，由税务机关依法采用合理的方法核定纳税人应纳税款的一种征收方式。

核定征收又可分为定期定额征收和定率征收两种，定期定额征收主要适用于流动性小商贩。查账征收是税款征收的一般原则，核定征收是查账征收的补充。核定征收仅适用于法定的情形。

（二）核定征收适用情形

《税收征收管理法》第三十五条对核定征收的一般适用情形作了规定。根据该条，纳税人有下列情形之一的，税务机关有权核定其应纳税额：（1）依照法律、行政法规的规定可以不设置账簿的；（2）依照法律、行政法规的规定应当设置账簿但未设置的；（3）擅自销毁账簿或者拒不提供纳税资料的；（4）虽设置账簿，但账目混乱或者成本资料、收入凭证、费用凭证残缺不全，难以查账的；（5）发生纳税义务，未按照规定的期限办理纳税申报，经税务机关责令限期申报，逾期仍不申报的；（6）纳税人申报的计税依据明显偏低，又无正当理由的。

核定征收分为事前核定和事后核定两种。事前核定，是主管税务机关在纳税人的纳税义务还未发生时事先核定的管理方式。事前核定通常由征管局实施。事后核定，通常适用于稽查或反避税程序中，是在纳税人纳税义务已经发生，由于纳税人的责任，造成税务机关无法完全查清事实的情况下，法律赋予税务机关运用合理方法对纳税人整体的应纳税事实作出的一种推定。

（三）核定征收方法及应税所得率的范围

在核定征收模式下，具体的核定征收方式及应税所得率等，通常需要综合考虑纳税人的主营业务范围、所处行业利润率、预计营收规模等因素。

以企业所得税为例，根据《企业所得税核定征收办法（试行）》（国税发〔2008〕30号）第五条规定，税务机关采用下列方法核定征收企业所得税：（1）参照当地同类行业或者类似行业中经营规模和收入水平相近的纳税人的税负水平核定；（2）按照应税收入额或成本费用支出额定率核定；（3）按照耗用的原材料、燃料、动力等推算或测算核定；（4）按照其他合理方法核定。

表 5-2 是国税发〔2008〕30 号文第八条列举的不同行业的应税所得率的范围。

表 5-2　不同行业的应税所得率的范围

行　业	应税所得率（%）
农、林、牧、渔业	3 ～ 10
制造业	5 ～ 15
批发和零售贸易业	4 ～ 15
交通运输业	7 ～ 15
建筑业	8 ～ 20
饮食业	8 ～ 25
娱乐业	15 ～ 30
其他行业	10 ～ 30

二、核定征收在税务规划中的应用及限制

（一）核定征收在税务规划中的应用

对于初创企业、营收规模较小的市场主体而言，核定征收制度一方面降低了税务机关的管理成本，另一方面也减少了纳税人的经营负担，有利于激发市场活力。核定征收有其存在的必要性和制度合理性。

但在 2022 年之前，地方政府基于招商引资目的，允许事先核定征收制度广泛应用于个人独资企业和合伙企业等非法人制实体，且不考虑其经营规模。因此，大量投资于一级或二级市场的投资机构或影视明星、网红主播等高收入人群，在允许事先核定的地区设立采用核定征收方式的合伙企业进行避税。

正常情况下，合伙企业的自然人合伙人取得的所得，需要按生产经营所得缴纳 5% ～ 35% 的个人所得税或按 20% 的税率缴纳个人所得税。以某东部沿海城市为例，2021 年之前，该地对按核定征收方式缴税的股权投资类合伙企业普遍采用的是 10% 的应税所得率。按照 10% 的应税所得率和 35% 的税率计算，采用核定征收方式缴税的自然人合伙人的税率实际由 35% 降为 3.5%。

对于退出时溢价较高的项目而言，采用核定征收方式缴税的个人所得税税率大幅降低。会计实务中，一些地方采用5%的应税所得率，导致合伙企业个人合伙人的实际税率低至1.75%。

（二）核定征收应用的限制

高收入人群和高利润行业利用核定征收方式避税的行为近年来受到了税务机关的持续关注，一些行业被税务机关明文禁止全行业采用核定征收。

2009年，国家税务总局发布的《关于印发〈进一步加强税收征管若干具体措施〉的通知》（国税发〔2009〕114号）第八条规定[①]，“对税务师事务所、会计师事务所、资产评估和房地产估价等鉴证类中介机构税收，不得实行核定征收”。2017年影视行业大检查后，国家税务总局强调不允许对艺人工作室采用核定征收。

2021年的最后一天，财政部和国家税务总局发布了《关于权益性投资经营所得个人所得税征收管理的公告》（财政部 税务总局公告2021年第41号），宣告在私募行业以核定征收方式计征个人所得税的时代全面终结。

第五节 主体规模控制与税务优化管理

一、中小微企业税收优惠概述

从数量而言，中小微企业在我国的市场主体中占绝对多数。第四次全国经济普查结果显示，2018年末，我国共有中小微企业法人单位1 807万家，占全部规模企业法人单位的99.8%；中小微企业吸纳就业人员23 300.4万人，占全部企业就业人员的比重为79.4%。

支持中小微企业的发展，对于稳定就业和经济发展具有重要作用。2020

① 该文件已被国家税务总局发布的《国家税务总局关于公布全文失效废止和部分条款失效废止的税收规范性文件目录的公告》废止，但实务中部分条文仍被遵守和执行。

年新型冠状病毒肺炎暴发以来，国务院出台了一系列支持中小微企业发展的税收优惠政策，涉及企业所得税、增值税等。

（一）小型微利企业所得税优惠

小型微利企业，是指从事国家非限制和禁止行业，且同时符合年度应纳税所得额不超过 300 万元、从业人数不超过 300 人、资产总额不超过 5 000 万元三个条件的企业。

2021 年 1 月 1 日至 2022 年 12 月 31 日，对小型微利企业年应纳税所得额不超过 100 万元的部分，减按 12.5% 计入应纳税所得额，按 20% 的税率缴纳企业所得税（实际税率为 2.5%）。2022 年 1 月 1 日至 2024 年 12 月 31 日，对小型微利企业年应纳税所得额超过 100 万元但不超过 300 万元的部分，减按 25% 计入应纳税所得额，按 20% 的税率缴纳企业所得税（实际税率为 5%）。

（二）中小微企业所得税优惠

中小微企业依法申请和享受如下优惠，有利于降低企业的所得税税负：科技型中小企业研发费用企业所得税 100% 加计扣除，中小微企业设备器具所得税按一定比例一次性扣除。

1．科技型中小企业研发费用企业所得税 100% 加计扣除

科技型中小企业开展研发活动中实际发生的研发费用，未形成无形资产计入当期损益的，在按规定据实扣除的基础上，自 2022 年 1 月 1 日起，再按照实际发生额的 100% 在税前加计扣除；形成无形资产的，按照无形资产成本的 200% 在税前摊销。科技型中小企业条件和管理办法按照《科技部 财政部 国家税务总局关于印发〈科技型中小企业评价办法〉的通知》（国科发政〔2017〕115 号）执行。

2．中小微企业设备器具所得税按一定比例一次性扣除

中小微企业在 2022 年 1 月 1 日至 2022 年 12 月 31 日期间新购置的设备、

器具，单位价值在500万元以上的，按照单位价值的一定比例自愿选择在企业所得税税前扣除。其中，《中华人民共和国企业所得税法》（以下简称《企业所得税法》）及《中华人民共和国企业所得税法实施条例》（以下简称《企业所得税法实施条例》）规定，最低折旧年限为3年的设备器具，单位价值的100%可在当年一次性税前扣除；最低折旧年限为4年、5年、10年的，单位价值的50%可在当年一次性税前扣除，其余50%按规定在剩余年度计算折旧进行税前扣除。

企业选择适用上述政策当年不足扣除形成的亏损，可在以后5个纳税年度结转弥补，享受其他延长亏损结转年限政策的企业可按现行规定执行。

（三）中小微企业增值税优惠

中小微企业可以享受的增值税优惠政策主要有以下3种：小微企业增值税期末留抵退税、符合条件的增值税小规模纳税人免征增值税、增值税小规模纳税人阶段性免征增值税。

1．符合条件的增值税小规模纳税人免征增值税

自2021年4月1日至2022年12月31日，小规模纳税人发生增值税应税销售行为，合计月销售额未超过15万元（以1个季度为1个纳税期的，季度销售额未超过45万元）的，免征增值税。

2．增值税小规模纳税人阶段性免征增值税

自2022年4月1日至2022年12月31日，对增值税小规模纳税人适用3%征收率的应税销售收入，免征增值税；对适用3%预征率的预缴增值税项目，暂停预缴增值税。

二、通过控制企业规模进行税务规划

案例5-4：2022年，某公司销售设备年度应纳税所得额为400万元（包含100万元的设备保养费，服务期2年），从业人数为200人，资产总额为3 000万

元。此时，企业所得税 =400×25% =100（万元），无法享受小型微利企业所得税优惠。

如果单独成立一家公司来承担设备保养服务，合同分为两部分分别签订，设备销售合同 300 万元，设备保养合同 100 万元。两家公司都可以享受小型微利企业所得税优惠。此时，企业所得税 =100×2.5%+100×2.5%+（300−100）×5%=15（万元）。

通过控制企业规模，企业节省所得税：100−15=85（万元）。同时，小微企业还可以享受增值税方面的优惠。

第六章 06

不同商业模式下的税务优化管理

商业模式是指通过有效组织和整合资源来满足客户的某种需求的商业运营模式。根据不同的分类标准，商业模式可以分为不同的类型。按照商事主体所承担的主要功能或交易性质划分，商业模式可以分为生产型模式、销售型模式、研发型模式、融资型模式和投资型模式等。

相同性质的商业模式或目标，可能有多种不同的组织方式和实现路径。比如，对于产品生产，企业既可以自行组织生产，也可以通过OEM（Original Equipment Manufacturer，以下简称OEM）模式、ODM（Original Design Manufacturer，以下简称ODM）模式来组织生产。就融资而言，除了传统的银行借款和上市融资，企业还可以通过贸易方式或特殊融资方式融资。销售或营销模式更是五花八门、千变万化。对于高大上的技术研发问题，如果企业自身能力有限，也可以通过委托研发、合作研发等方式解决。

不同的资源整合方式，可能会产生不同的税务效果。合理选择商业模式的实现路径，不单是纯粹的商业问题，也是一个给企业带来税务优化的好机会。

第一节　生产模式下的税务优化管理

经过40多年的改革开放，中国已经彻底摆脱了短缺经济，成为名副其实的“世界工厂”。

改革开放初期，中国的制造业之所以能迅猛发展，很大程度上得益于当时低廉的制造成本优势（包括低廉的劳动力、土地资源等成本优势）和庞大的市场需求。伴随中国经济的发展和全球化的深入，中国传统制造企业的成本和价格优势已逐渐丧失。东南沿海地区的部分制造企业将制造基地搬迁至越南、印度等更具成本优势的国家。面对趋于饱和的市场需求和竞争激烈的市场环境，很多企业积极主动寻求转型升级，开始加大自主研发和创新力度，升级产销模式。面对越来越多元化和个性化的市场需求，保证产品品质、快速反应能力和成本控制成为制造企业立于不败之地的核心要素。

根据品牌方对生产过程参与程度的不同，企业的生产模式可以分为自主生产、OEM 生产和 ODM 生产。特殊行业还可能涉及其他的生产模式，比如农业领域可能采用“公司 + 农户”的模式进行生产作业。

制造业转型升级、寻求突破的过程，也是企业的生产销售模式演化升级的过程。不同的生产销售模式产生的税收成本也不同，合理管控和优化产销模式产生的税务成本是提升企业竞争优势的重要方式之一。

一、自主生产模式下的税务优化管理

（一）自主生产模式的优缺点

自主掌握上下游全产业链的生产模式的主要优点为供应稳定、品控稳定、自主掌握定价、毛利率高、拥有自主知识产权及核心专利，同时有利于企业自主规划。

但自主生产模式对企业的资源整合能力要求较高。同时，在自主生产模式下，企业需要承担更大的市场风险。

（二）自主生产模式的税务优化

在自主生产模式下，企业保持市场竞争力的核心是降低运营成本（包括税务成本）和提升产品附加值。从税务角度而言，企业可通过以下方式来优化税务成本。

1. 充分利用区域性税收优惠

改革开放以来，东部沿海地区在经济快速发展的同时，土地、劳动力等成本不断攀升，而中西部等欠发达地区的成本优势开始逐渐显现。

近年来，东南沿海地区有企业将工厂搬迁至东南亚国家，但也有企业将生产基地转移至中西部地区。比如，富士康在山西、河南、四川、重庆、广西、贵州等地均设立了工厂。而国家为支持欠发达地区或特定地区的发展，出台了一系列区域性税收优惠政策，如西部大开发地区的企业所得税优惠（税率 15%）。

合理利用区域性税收优惠政策，一方面有利于降低企业税负，另一方面也可以实现成本节约。

2. 加大研发投入，提升产品附加值的同时降低税务成本

科技创新有助于提升产品的附加值。例如，苹果公司凭借出色的研发能力，开启和引领了智能手机的发展，也因此获得了超额的市场回报。截至 2022 年 10 月 28 日，苹果公司总市值高达 2.5 万亿美元。

研发是科技创新的源头。为鼓励技术创新，包括中国在内的绝大多数国家均出台了针对研发投入的税收优惠政策。中国出台的与研发有关的税收优惠，包括高新技术企业税收优惠、研发费用加计扣除等。

3. 合理利用行业性税收优惠和政府扶持

中国对特定的鼓励类行业制定有专门的税收优惠政策。例如，中国对符合条件的集成电路企业给予 10 年免征企业所得税的优惠，农业生产企业可享受免税或减半征收企业所得税的优惠等。

同时，中央或地方通常对鼓励类企业给予多种政府扶持与奖励。例如，北京市政府于 2021 年 12 月 22 日印发《北京市关于促进“专精特新”中小企业高质量发展的若干措施》，对经认定的“专精特新”中小企业，在设备购置、房租、研发投入、融资、上市等方面均给予税额不等的财政奖励与扶持。

合理申请和利用行业性税收优惠和政府扶持，有利于保持企业的市场竞争力，实现可持续发展。

二、OEM 模式下的税务优化管理

（一）OEM 模式

OEM 即原始设备制造商，一般是指生产厂商（OEM 厂商）按品牌厂商的授权及品牌厂商特定的条件生产产品的模式，实践中也称“代工（生产）”模式。

在这种模式下，所有的产品规格、技术规范、制造程序、品质要求，甚至零部件和产品的颜色、外观等都由品牌厂商决定，生产厂商必须按品牌厂商的要求进行制造和加工。品牌厂商在这一过程中负责产品的调研、规划、设计、研发、供应链、营销等大部分工作，仅将“生产”阶段的工作交由 OEM 厂商代为完成。二者关系如图 6-1 所示。品牌厂商通过合同的方式委托 OEM 厂商进行具体的生产和加工，OEM 厂商一般不得自行销售剩余的代工产品。

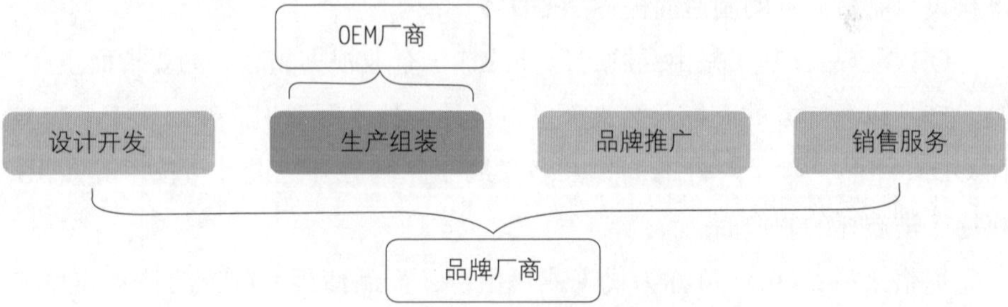

图 6-1　OEM 模式关系图

比如，富士康与苹果公司的合作关系就是典型的 OEM 模式。苹果公司负责手机和平板等电子产品的设计开发工作，再将电路图纸、外壳模具图纸及软件等资料提供给富士康进行打样，样品完成后需再返至苹果公司进行核对。若样品符合设计预期，则由富士康进行批量生产。最终由苹果公司决定产品的具体上市时间、销售价格及销售区域等。

（二）OEM 模式下的税务优化

从生产厂家的角度而言，在 OEM 模式下，生产厂商通常不承担研发设计职能。因此，税务优化管理的核心在于尽可能利用可适用的税收优惠，如小微企业税收优惠及区域性税收优惠等。

从品牌方的角度看，OEM 模式下的税务优化管理与自主生产模式企业并无本质差异。但相对于自主生产，品牌方在 OEM 模式下承担的风险较低，而且品牌方可以通过挑选在税收和成本方面更具优势的地区的 OEM 厂商来进行生产，从而提升自身产品的竞争力。

三、ODM 模式下的税务优化管理

（一）ODM 模式

ODM，直译是“原始设计制造商”，是指某制造商根据另一家厂商的规格与要求，设计和生产产品，并要求配上后者的品牌名称来进行销售。其中，承接设计制造业务的制造商被称为 ODM 厂商。

OEM 产品，其实是由品牌方以外的加工企业根据品牌方的要求而生产产品，产品以品牌方的商标及名义面世，设计与技术等知识产权归属于品牌方。而 ODM 产品，除了对外的商标及名义属于品牌方外，设计与技术等知识产权属于被委托的制造商。

通俗来讲，OEM 可称为代工或代生产，产品使用品牌方的技术和品牌，工厂只负责生产。ODM 则可称为贴牌，也就是工厂生产的产品贴别人的品牌。

（二）ODM 模式下的税务优化

与 OEM 模式不同，ODM 厂商承担研发设计功能。对采用 ODM 模式的交易双方而言，税务优化管理的重点，是需要明确研发设计活动形成的知识产权的归属及研发费用加计扣除的主体。

在 ODM 模式下，研发设计活动产生的研发费用由哪一主体来申请加计扣除税收优惠，需要根据 ODM 与品牌厂商的具体合同安排来判断。通常分为如下两种：

其一，研发费用由 ODM 加计扣除。根据合同，ODM 对其承担研发设计活动形成的知识产权享有权利，品牌厂商仅是买断 ODM 生产的该合同项下的产品。ODM 可就同型号产品进行再生产或扩大生产，并出售给其他客户。该种合同本质上还是 ODM 厂商将自主研发的产品独家销售给品牌厂商。

其二，研发费用由委托方加计扣除。根据合同约定，品牌厂商拥有 ODM 研发活动形成的知识产权，ODM 厂商未经允许不得使用该知识产权。在此种情形下，品牌厂商与 ODM 厂商实质上存在两种法律关系：一种是委托研发，一种是委托生产。在品牌厂商拥有 ODM 研发活动形成的知识产权情形下，研发活动产生的研发费用应由品牌厂商加计扣除。需要注意的是，品牌厂商需要在该类协议中明确委托研发部分的费用，否则品牌厂商将因无法归集委托研发产生的研发费用金额，而不能进行研发费用的加计扣除。

第二节　销售模式下的税务优化管理

为提升销售业绩和扩大市场份额，企业经常推出花样繁多的销售与促销手段来吸引客户。常见的销售模式包括商业折扣、现金折扣、销售折让、以旧换新、买一赠一等。伴随着电商和直播行业的兴起，一些新兴的销售模式开始涌现，如直播带货和平台补贴等。

不同的销售方式所适用的税收政策各不相同。企业策划销售与营销方案时，应考虑不同销售方式的税务影响和税务风险。

一、折扣销售

折扣销售，又称“商业折扣”或“打折销售”，是指具体折扣额在销售之前已经明确，是企业最常见的一种促销手段。每年的“618”或“双 11”电商购物节期间，商家基于促销目的都会推出大幅度的打折力度。

对于折扣销售，企业通常按折扣后的金额确认销售收入。《国家税务总局关于确认企业所得税收入若干问题的通知》（国税函〔2008〕875 号）规定：“企业为促进商品销售而在商品价格上给予的价格扣除属于商业折扣，商品销售涉及商业折扣的，应当按照扣除商业折扣后的金额确定销售商品收入金额。”

在增值税方面，财税〔2016〕36号文附件1《营业税改征增值税试点实施办法》第四十三条规定：“纳税人发生应税行为，将价款和折扣额在同一张发票上分别注明的，以折扣后的价款为销售额；未在同一张发票上分别注明的，以价款为销售额，不得扣减折扣额。”《国家税务总局关于折扣额抵减增值税应税销售额问题通知》（国税函〔2010〕56号）规定：“销售额和折扣额在同一张发票上分别注明是指销售额和折扣额在同一张发票上的‘金额’栏分别注明的，可按折扣后的销售额征收增值税。”

案例6-1：2021年上市的某公司在其《首次公开发行股票招股说明书》中披露了公司对经销商销售返利、疫情折扣、样品折扣的会计和税务处理情况。根据公司的招股说明书，该公司对经销商的返利、补贴是以销售折扣（商业折扣）的形式兑现，即直接扣减对应经销商的销售收入。公司在当月开具增值税发票时采用负数抵减形式在发票上注明折扣金额，同时按净额确认收入。每一报告期末，公司根据返利政策计算各经销商未兑现的返利金额，按照权责发生制予以计提，来冲减各期收入，并于当月按照“未开票收入”申报缴纳增值税销项税额，来抵减经销商的相应货款（增加经销商的预收款项），即借记“预收账款（红字）”科目，贷记“主营业务收入（红字）、应交税费——应交增值税（销项税额）（红字）”科目。

二、现金折扣

现金折扣，是卖家为鼓励买家尽早付款而向付款方提供的一种价格优惠，具有一定程度的融资性质。例如，合同中有关现金折扣的约定“2/10，1/20，n/30”，代表“10天内付款，货款折扣2%；20天内付款，货款折扣1%；30天内付款，无折扣，须全额付款”。

无论是企业所得税，还是增值税，现金折扣均要求按总额法确认应税收入。《国家税务总局关于确认企业所得税收入若干问题的通知》（国税函〔2008〕875号）规定："销售商品涉及现金折扣的，应当按扣除现金折扣前的金额确定销售商品收入金额"，"现金折扣在实际发生时作为财务费用扣除"。

实务中，税务机关通常不允许现金折扣开具红字发票。国家税务总局十堰市张湾区税务局曾在答复"现金折扣是否进项税转出"的提问时回复："现金折扣与销售数量、销售额无直接关系，决定现金折扣的是付款期限，不是销售数量或者销售额。"因此，现金折扣不能比照平销返利冲减增值税进项税额。作为销售方，应当全额确认收入、计提销项税额（增值税额）。现金折扣于实际发生时直接计入当期损益，不能开具红字发票。

三、销售折让

案例6-2：甲公司向乙公司销售一批商品，售价为100万元（不含增值税）。客户收货后，认为商品存在质量瑕疵，要求给予30%的价格折扣。

上述案例属于典型的销售折让。所谓销售折让，是指企业因售出商品质量不合格等原因而在售价上给予的减让。在企业所得税方面，企业已经确认销售收入的售出商品发生销售折让和销售退回，应当在发生当期冲减当期销售商品收入。在增值税方面，纳税人适用一般计税方法计税的，因销售折让而退还给购买方的增值税额，应当从当期的销项税额中扣减；因销售折让而收回的增值税额，应当从当期的进项税额中扣减。纳税人适用简易计税方法计税的，因销售折让而退还给购买方的销售额，应当从当期销售额中扣减。扣减当期销售额后仍有余额造成多缴的税款，可以从以后的应纳税额中扣减。[①]

对于销售折让，如果尚未开具发票，可直接按折扣后的金额开具发票和确认收入。如果已开具发票，有两种处理方式：开具红字发票或将发票作废

① 参见《财政部　国家税务总局关于全面推开营业税改征增值税试点的通知》（财税〔2016〕36号）附件1《营业税改征增值税试点实施办法》第三十二条和第三十六条。

后重新开具。[1] 企业应根据实际情况选择适当的发票处理方式。

从 2017 年至今，增值税税率历经数次调整。根据规定，增值税一般纳税人（以下称“纳税人”）在增值税税率调整前已按原 16%、10% 适用税率开具的增值税发票，发生销售折让、中止或者退回等情形需要开具红字发票的，按照原适用税率开具红字发票；开票有误需要重新开具的，先按照原适用税率开具红字发票后，再重新开具正确的蓝字发票。纳税人在增值税税率调整前未开具增值税发票的增值税应税销售行为，需要补开增值税发票的，应当按照原适用税率补开。[2]

四、以旧换新

案例 6-3：某品牌手机推出“以旧换新”的促销活动，老客户以上一代的旧手机换购指定机型的新手机（市价人民币 9 800 元），旧手机可作价人民币 4 800 元。公司应以 9 800 元确认新手机的销售收入并开具发票，还是以净额 5 000 元确认销售收入并开具发票？

在以旧换新的业务中，换进的“旧货”往往是从个人消费者手中取得，难以获取合规发票，实践中部分企业采用净额法确认收入和开具发票。该种处理方式并不符合现行税收法规的规定，存在涉税风险。

从税务角度而言，企业的“以旧换新”业务被视为纳税人销售新货并购进“旧货”的行为。因此，“以旧换新”业务需要按总额法确认收入并开具发票。《国家税务总局关于确认企业所得税收入若干问题的通知》（国税函〔2008〕875 号）规定：“销售商品以旧换新的，销售商品应当按照销售商品收入确认条件确认收入，回收的商品作为购进商品处理。”在增值税方面，根据国家税务总局发布的《增值税若干具体问题的规定》（国税发〔1993〕154 号文附件）第二条第三项规定：“纳税人采取以旧换新方式销售货物，应按新货

① 《中华人民共和国发票管理办法实施细则（2018 年修正）》（国家税务总局令第 25 号）第二十七条规定：“开具发票后，如发生销售折让的，必须在收回原发票并注明‘作废’字样后重新开具销售发票或取得对方有效证明后开具红字发票。”

② 参见国家税务总局《关于深化增值税改革有关事项的公告》（国家税务总局公告 2019 年第 14 号）的规定。

物的同期销售价格确定销售额。”企业应按货物的同期销售价格开具发票并计税。收取旧货物的，取得增值税专用发票注明的进项税额可以抵扣。

但金银首饰以旧换新业务可以按销货方实际收取的不含增值税的全部价款确认收入并缴纳增值税。

五、买一赠一

案例 6-4：某服装定制电商在周年庆典期间推出如下促销活动：定制 5 000 元以上西服三件套的客户，可以获赠一双价值 1 000 元的皮鞋。该企业附赠的皮鞋是否需要作视同销售处理？个人获赠的皮鞋是否需要缴纳个人所得税？

上述促销方式属于买一赠一。在企业所得税方面，买一赠一组合销售方式中的赠品不属于捐赠，企业应将总的销售金额按照商品公允价值的比例来分摊确认各项销售收入。[①] 在增值税方面，对于“买一赠一”的赠品是否需要作视同销售处理，实务中存在争议且各地执行尺度不一。部分税务机关援引《中华人民共和国增值税暂行条例实施细则》第四条第八款规定[②]，要求将赠品作视同销售处理。但也有税务机关认为无须作视同销售处理，应以实际收到的货款征收增值税。在个人所得税方面，该赠品属于具有价格折扣或折让性质的礼品，收到赠品的个人无须缴纳个人所得税。

我们认为，“买一赠一”行为的本质属于降价销售，应按照实际取得的销售收入计算缴纳增值税。开具发票时，建议将主货物和赠品开具在同一张发票中，并将总的销售金额按各项商品的公允价值的比例分摊。

---

① 参见《国家税务总局关于确认企业所得税收入若干问题的通知》（国税函〔2008〕875 号）第三条的规定。

② 《中华人民共和国增值税暂行条例实施细则》第四条规定，单位或者个体工商户的下列行为，视同销售货物：（一）将货物交付其他单位或者个人代销；（二）销售代销货物；（三）设有两个以上机构并实行统一核算的纳税人，将货物从一个机构移送其他机构用于销售，但相关机构设在同一县（市）的除外；（四）将自产或者委托加工的货物用于非增值税应税项目；（五）将自产、委托加工的货物用于集体福利或者个人消费；（六）将自产、委托加工或者购进的货物作为投资，提供给其他单位或者个体工商户；（七）将自产、委托加工或者购进的货物分配给股东或者投资者；（八）将自产、委托加工或者购进的货物无偿赠送其他单位或者个人。

六、积分奖励

案例 6-5：某大型连锁超市向会员顾客提供消费积分，顾客可用积分兑换该超市的特定商品。

为吸引客户重复购买与消费，部分企业根据客户（包括经销商或消费者等）采购或消费的金额制定相应的积分奖励政策。该积分可用于兑换某种商品（或服务），或者将积分折合成现金抵减客户后期消费时需要支付的金额等。

积分奖励销售，实际上是一种存在时间差的“买一赠一”行为。“买一赠一”是在销售当期直接将交易价格分摊确认收入，但积分赠送是将兑换的“赠一”的行为延迟到未来。[①] 积分奖励的会计处理和“买一赠一”类似。企业应在销售行为发生时，将交易价格的一部分分摊至未来可兑换的商品，在客户未来行使购买选择权取得拟兑换商品控制权时，或者该选择权失效时，确认拟兑换商品的分摊收入。[②]

在企业所得税方面，如果商品销售和积分兑换跨年，会导致税会差异，汇算清缴时需要注意纳税调整。现行法规对积分奖励销售行为如何缴纳增值税并没有明确的规定。有观点认为，企业应在商品销售环节按收入全额计算增值税销项税额，积分兑换时按视同销售缴纳增值税。但该方式会导致增值税重复征税。在个人所得税方面，积分兑换的商品属于具有价格折扣或折让性质的礼品，收到赠品的个人不应缴纳个人所得税。

作为一种折中方案，企业可考虑在商品销售环节按收入全额计算增值税销项税额，在积分兑换环节设计成“买一赠一”（比如兑换商品的环节需要同

① 赵国庆．积分兑换增值税、企业所得税需要视同销售吗——积分兑换增值税企业所得税要视同销售吗－从新收入准则可变对价税会差异说起．[EB/OL].（2022-03-03）.https://shuo.news.esnai.com/article/202203/226700.shtml.

② 《企业会计准则第 14 号——收入》（财会〔2017〕22 号）第三十五条规定：对于附有客户额外购买选择权的销售，企业应当评估该选择权是否向客户提供了一项重大权利。企业提供重大权利的，应当作为单项履约义务，按照本准则第二十条至第二十四条规定将交易价格分摊至该履约义务，在客户未来行使购买选择权取得相关商品控制权时，或者该选择权失效时，确认相应的收入。客户额外购买选择权的单独售价无法直接观察的，企业应当综合考虑客户行使和不行使该选择权所能获得的折扣的差异、客户行使该选择权的可能性等全部相关信息后，予以合理估计。客户虽然有额外购买商品选择权，但客户行使该选择权购买商品时的价格反映了这些商品单独售价的，不应被视为企业向该客户提供了一项重大权利。

时支付少量金额购买一件商品）或“积分抵减一部分商品价款”从而规避重复征税问题。

七、满减促销

“满减”，是指当消费达到一定金额时，对原价再减免一部分价款的促销方式。

“满减”的本质是打折销售，其与“打折”的区别只是折后价格的计算方法不同，但在税务处理方面并不存在差异。有关满减促销的税务处理参见折扣销售的税务处理。

八、有奖销售

案例 6-6：某品牌橱柜在家装节期间推出有奖促销活动：凡在本店定制价值 30 000 元以上橱柜的客户均有机会参加抽奖活动。一等奖为公司外购的市价 8 000 元的手机（成本价 7 000 元），二等奖为公司生产的厨具套装（市价 2 000 元，成本 1 000 元），三等奖为外购的毛绒玩具（市价 200 元）。该有奖销售活动中，企业及获奖个人需要缴纳什么税?

有奖销售，包括奖励所有客户的有奖销售和奖励部分客户的中奖式有奖销售。奖励所有客户的有奖销售本质上是买赠销售，在税务处理上与“买一赠一”并无差异。

而奖励部分客户的中奖式有奖销售如何进行税务处理，现行法规并无明确的规定。有观点认为，应将赠品在企业所得税和增值税上作视同销售处理，并由商家代扣代缴个人所得税。但笔者认为，对于及时兑现的奖品，应比照买赠行为进行税务处理，即将实际收到的总价款在所购商品和赠品之间分摊，赠品无须作所得税和增值税的视同销售处理。在个人所得税方面，可将赠品视为具有价格折扣或折让性质的礼品，收到赠品的个人无须缴纳个人所得税。

第三节 研发模式下的税务优化管理

企业研发模式分为自主研发、委托研发、合作研发、集中研发及以上几种方式的组合。

根据《企业所得税法》及其实施条例，企业开发新技术、新产品、新工艺发生的研究开发费用，可以在计算企业所得税应纳税所得额时加计扣除。不同的研发模式对企业的税务影响不同。

企业应结合自身的具体情况，选择适当的研发模式。

一、自主研发

（一）研发费用加计扣除一般规则

企业自主研发活动中实际发生的研发费用，未形成无形资产的计入当期损益，形成无形资产的进行摊销。计入当期损益的研发费用，企业在据实扣除的基础上，可按照实际发生额的一定比例加计扣除；形成无形资产的研发费用，企业可将加计费用也计入无形资产成本并按规定进行摊销。

为激励企业加大研发投入和支持科技创新，2008 年至今，国家多次发文提高研发费用加计扣除比例和适用企业范围。2008 年，国家将研发费用加计扣除政策以法律形式确认。2015 年，国家大幅放宽享受优惠的研发活动及研发费用范围，并首次明确负面清单制度。2017 年，国家将科技型中小企业的加计扣除比例由 50% 提高到 75%。2018 年，国家将所有符合条件行业的企业加计扣除比例由 50% 提高到 75%，并允许企业委托境外研发费用按规定在税前加计扣除。2021 年，国家将制造业企业加计扣除比例从 75% 提高到 100%，优化、简化辅助账样式，首次允许企业 10 月预缴时提前对前三季度的研发费用进行加计扣除。2022 年，国家将对科技型中小企业的加计扣除比例从 75% 提高到 100%，将其他企业第四季度的加计扣除比例从 75% 提高到 100%，并允许企业在每年 10 月的申报期就可以提前申报享受前三季度研发费用加计扣除的优惠。2023 年，7 号公告又进一步加大了优惠力度，将所有符合条件行业企业加计扣除比例由 75% 提高到 100% 的政策作为一项制度性安排长期实施。

表 6-1 概述了 2008 年至今不同类型企业研发费用加计扣除比例的变化。

表 6-1　各类企业税前扣除比例

年份	科技型中小企业	制造企业	其他企业
2008—2016 年	50%	50%	50%
2017 年	75%	50%	50%
2018—2020 年	75%	75%	75%
2021 年	75%	100%	75%
2022 年 1 月 1 日—9 月 30 日	100%	100%	75%
2022 年 10 月 1 日—12 月 31 日	100%	100%	100%
2023 年起	100%	100%	100%

（二）研发费用加计扣除案例

案例 6-7：A 公司为一家信息传输、软件和信息技术服务公司。2022 年前三季度的研发费用为 100 万元，第四季度按规定计算的研发费用为 50 万元，全年加计扣除额应为多少？

根据规定，A 公司在 2022 年前三季度发生的研发费用适用 75% 的加计扣除比例，第四季度发生的研发费用适用 100% 的加计扣除比例。因此，A 公司 2022 年全年加计扣除额 =100 × 75%+50 × 100%=125（万元）。

二、委托研发

委托研发是指被委托人基于他人委托而开发的项目。委托人以支付报酬的形式获得被委托人研发成果的所有权。

委托项目的特点是研发经费受委托人支配，项目成果必须体现委托人的意志和实现委托人的使用目的。

（一）委托研发加计扣除限制

企业委托外部机构或个人进行研发活动所发生的费用，按照费用实际发生额的 80% 计入委托方研发费用并计算加计扣除，受托方不得再进行加计扣除。

委托境外研发费用不超过境内符合条件的研发费用三分之二的部分，可以按规定在企业所得税前加计扣除。委托境外个人进行的研发活动不适用加计扣除政策。

委托外部研究开发费用实际发生额应按照独立交易原则确定。委托方与受托方存在关联关系的，受托方应向委托方提供研发项目费用支出明细情况。

（二）委托研发加计扣除案例

案例 6-8：A 公司为计算机制造企业，2021 年委托其 B 关联公司进行研发。假定该研发符合研发费用加计扣除的相关条件。A 公司支付给 B 公司 100 万元，B 公司实际发生费用 90 万元。其中，可加计扣除的费用为 85 万元，利润为 10 万元。A 公司全年加计扣除额应为多少？

2021 年，A 公司可加计扣除的金额为 100×80%×100%=80（万元），B 公司应向 A 公司提供实际发生费用 90 万元的支出明细。

三、合作研发

（一）什么是合作研发

合作研发是指立项企业通过契约的形式与其他企业共同对同一项目的不同领域分别投入资金、技术、人力等，共同完成研发项目。

合作研发共同完成的知识产权，其归属由合同约定；合同没有约定的，由合作各方共同所有。

（二）合作研发加计扣除规则

企业共同合作研发的项目，由合作各方就自身实际承担的研发费用分别计算加计扣除。具体处理方式可参见自主研发模式的税务处理。

四、集中研发

（一）什么是集中研发

集中研发是指企业集团根据生产经营和科技开发的实际情况，对技术要求高、投资数额大、单个企业难以独立承担，或者研发力量集中在企业集团，由企业集团统筹管理、集中进行的研发。

（二）集中研发的研发费用加计扣除规则

集中研发模式下实际发生的研发费用，可以按照权利和义务相一致、费用支出和收益分享相配比的原则，合理确定研发费用的分摊方法，在受益成员企业间进行分摊，由相关成员企业分别计算加计扣除。

集团公司在分摊费用的同时，也应将集中研发项目研发费用决算表、集中研发项目费用分摊明细情况表和实际分享收益比例等资料交给各子公司，遵照“谁享受、谁负责”的原则，由享受优惠政策的主体承担后续留存资料的备查工作。

第四节　融资型模式下的税务优化管理

资金是企业经营的血液。亏损并不必然导致企业倒闭，一些企业为占领市场和打击竞争对手，可能主动选择长期不盈利，比如早期的京东。但一家盈利状况良好的企业，可能因某个突发事件导致的资金断裂而陷入困境乃至破产，如 2021—2022 年的众多房地产企业。

融资是企业获取经营和发展资金的重要渠道。根据融资方式的不同，企业融资可以分为股权融资、债务融资（包括从金融机构借款和从其他市场主体借款）、贸易融资、其他方式融资等。[①] 从融资方与资金提供方的关系来看，

---

① 本章节主要讨论贸易融资、债务融资和其他融资方式下的税务管理与税务优化。

融资可以分为关联方融资和非关联方融资。

除了需要支付融资费用，融资还可能涉及缴纳相关的税费。选择适当的融资方式，优化融资过程中的税费，有利于降低企业的实际融资成本。

一、贸易融资

典型的贸易融资方式包括售后回购、还本销售、循环贸易等。贸易融资通常是企业难以从正规金融机构获取低息贷款，又缺乏其他融资渠道情形下所作的选择。

（一）售后回购

案例 6-9：2022 年 6 月 1 日，甲公司作为卖方与乙公司签订设备购销合同，合同价款为人民币 100 万元（不含增值税）。双方约定，甲公司 1 年后将以 120 万元（不含增值税）的价格回购该设备。

售后回购是指企业销售商品的同时承诺或有权选择日后再将该商品（包括相同或几乎相同的商品，或以该商品作为组成部分的商品）购回的销售方式。上述案例属于典型的售后回购。因回购价格大于原售价，所以具有融资性质。

在企业所得税方面，《国家税务总局关于确认企业所得税收入若干问题的通知》（国税函〔2008〕875 号）规定："采用售后回购方式销售商品的，销售的商品按售价确认收入，回购的商品作为购进商品处理。有证据表明不符合销售收入确认条件的，如以销售商品方式进行融资，收到的款项应确认为负债，回购价格大于原售价的，差额应在回购期间确认为利息费用。"在增值税方面，现行税收政策并未作出例外规定。实务中，双方对于售后回购中的增值税通常将销售和回购行为作为单独的应税交易相互开具发票。

从实务角度而言，增值税和企业所得税税务处理的差异，会造成增值税应税收入和企业所得税应税收入确认的差异。这一差异可能在税务系统中被标注为风险事项。而且，如果将差价视为利息，利息部分对应的增值税进项税额将不允许抵扣。因此，我们建议企业将销售和回购作为单独的销售情况进行税务处理。

（二）还本销售

还本销售是指企业销售货物后，在规定的期限内将全部（部分）销售货款一次（分次）无条件退还给购货方的一种销售方式。还本销售的售价通常高于同类商品的售价，这样能使企业当期获得大量的货币资金，因此具有融资性质。对于消费者而言，这种方式给人的感觉是“免费”取得了一件商品，具有很强的吸引力，但这里要特别提醒消费者谨防部分不良企业通过该种方式实施诈骗。

还本销售包括销售和还本两个环节。

1．销售环节

企业需要全额确认企业所得税和增值税。

在企业所得税方面，对于每年（期）预提的还本支出，根据税法，不可税前列支。只有在实际发生时才允许税前扣除。每期预提的还本支出就形成了可抵减性时间差异，要调增当年所得额。

在增值税方面，根据《国家税务总局关于印发〈增值税若干具体问题的规定〉的通知》（国税发〔1993〕154 号），“纳税人采取还本销售方式销售货物，不得从销售额中减除还本支出”。

2．还本环节

在还本环节，企业发生还本支出。但现行税收法规对还本环节是否需要开具发票、如何开具发票、没有发票如何进行企业所得税税前扣除等均没有明文规定。实务中，企业也很难从客户处取得发票。就增值税而言，企业没有取得增值税专用发票，也就没有进项可以抵扣。但企业还本环节的还本支出，没有发票能否税前扣除尚存争议。

《企业所得税法》第八条规定：“企业实际发生的与取得收入有关的、合理的支出，包括成本、费用、税金、损失和其他支出，准予在计算应纳税所得额时扣除。”但国家税务总局发布的《企业所得税税前扣除凭证管理办法》（国家税务总局公告 2018 年第 28 号）第九条规定：“企业在境内发生的支出项目属于增值税应税项目的，对方为已办理税务登记的增值税纳税人，其支出以发票（包括按照规定由税务机关代开的发票）作为税前扣除凭证；对方为依法无需办理税务登记的单位或者从事小额零星经营业务的个人，其支出以税务机关代开的发票或者收款凭证及内部凭证作为税前扣除凭证，收款凭证应载明收款单位名称、个人姓名及身份证号、支出项目、收款金额等相关信息。”如果企业支付给单个客户的还本支出金额超过小额零星经营业务的标准，又无法从客户处取得合规发票，实务中可能面临该项支出不允许税前扣除的尴尬。

鉴于还本销售在税务方面面临的上述问题，如果企业希望通过贸易方式融资，建议优先选择其他贸易方式。

（三）循环贸易融资

循环贸易融资是指资金提供方、中间人（通常为融资方的关联方或指定方）、融资方就同一批次的标的货物形成连环买卖，资金循环与货物循环在参与方之间形成闭环，详见图 6-2。循环贸易的本质，是由出借人向借款人提供资金。因此，循环贸易通常“走单、走票、不走货”。

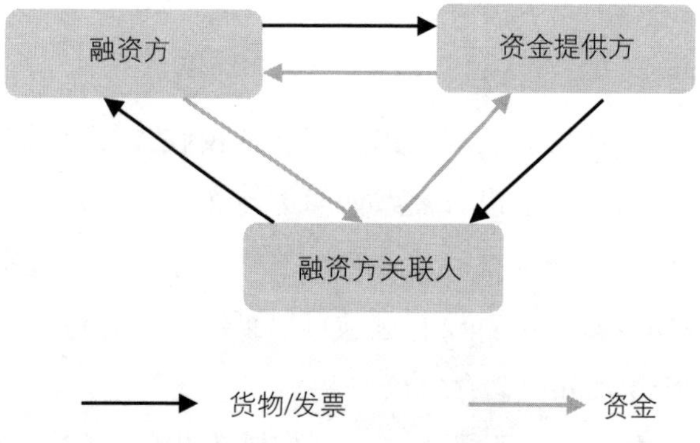

图 6-2　循环贸易交易流程图

在循环贸易融资中，各方通常按货物贸易进行税务处理，即收款方确认商品销售收入，并按销售货物向付款方开具增值税专用发票。

（四）融资性售后回租

融资性售后回租业务是指承租方以融资为目的将资产出售给经批准从事融资租赁业务的企业后，又将该项资产从该融资租赁企业租回的行为。

有形动产的融资租赁业务主要涉及企业所得税、增值税和印花税。根据《国家税务总局关于融资性售后回租业务中承租方出售资产行为有关税收问题的公告》（国家税务总局公告 2010 年第 13 号）的规定，“融资性售后回租业务中，承租人出售资产的行为，不确认为销售收入，对融资性租赁的资产，仍按承租人出售前原账面价值作为计税基础计提折旧。租赁期间，承租人支付的属于融资利息的部分，作为企业财务费用在税前扣除”。增值税方面，根据财税〔2016〕36 号文附件 1《营业税改征增值税试点实施办法》，从出租方角度，融资性售后回租属于贷款服务。印花税方面，融资性售后回租业务按“借款合同”税目缴纳万分之零点五的印花税。融资性售后回租业务中承租方出售资产时，资产所有权以及与资产所有权相关的全部报酬和风险并未完全转移。基于该业务的经济实质，税法并未将融资性售后回租业务视为销售行为。

值得注意的是，承租方销售有形动产时，应通过税控系统以“未发生销售行为的不征税项目”分类编码开具税率为“不征税”的发票。因融资性售后回租业务属于贷款服务，出租方不得就分期收取的款项（本金 + 利息）开具增值税专用发票。出租方在分期收取款项（本金 + 利息）时，可利用增值税税控开票软件差额征税开票功能，在系统中录入分期收取款项总额和需要扣除的本金额，即可由系统自动开具备注栏有“差额征税”字样的发票。

二、债务融资

债务融资的资金来源，既包括向金融机构的融资，也包括向关联方的融资，或者是通过发行债券的方式从公开市场融资等。

（一）关联方借款

企业在经营过程中，经常涉及从关联方借款或调拨资金的业务。一些关联方借款约定了利息，但更多的关联方借款未约定利息或是不收取利息或资金占用费。

1．有偿借款

就资金提供方而言，有偿借款的利息收入需缴纳增值税和企业所得税。

但从资金使用方角度来看，并非所有的利息支出都可以税前扣除。企业支付给关联方的利息支出税前扣除受到如下规则的限制：（1）支出满足真实性、合法性和相关性；（2）利率约定符合独立交易原则，其实际支付给境内关联方的利息支出，在计算应纳税所得额时准予扣除；（3）资本弱化规则限制。企业从关联方获取的债权性投资与其权益性投资比例为：金融企业为 5 ∶ 1，其他企业为 2 ∶ 1。

如果集团内部的有偿资金拆借符合统借统还的规定，建议采用统借统还的方式来避免增值税的重复征税问题。

2．无偿借款

从企业所得税角度来看，如果关联方同属境内企业，所得税之间又无税率落差，一般不会涉及缴纳企业所得税或进行纳税调整。

2019 年之前，一些税务机关要求关联方之间的无偿借贷应按视同销售行为缴纳增值税。[①]2019 年，财政部和国家税务总局发布的《关于明确养老机构免征增值税等政策的通知》规定，对企业集团内单位（含企业集团）之间的资金无偿借贷行为，免征增值税。该优惠政策已延期至 2023 年 12 月 31 日。[②]

（二）集团统借统还

案例 6-10：某集团公司从银行借入 1 亿元，借款期限为 2022 年 6 月 1

① 财税［2016］36 号文附件 1《营业税改征增值税试点实施办法》第十四条规定："下列情形视同销售服务、无形资产或者不动产：（一）单位或者个体工商户向其他单位或者个人无偿提供服务，但用于公益事业或者以社会公众为对象的除外；（二）单位或者个人向其他单位或者个人无偿转让无形资产或者不动产，但用于公益事业或者以社会公众为对象的除外；（三）财政部和国家税务总局规定的其他情形。"

② 参见财政部和税务总局《关于延长部分税收优惠政策执行期限的公告》（财政部 税务总局公告 2021 年第 6 号）的规定。

日至2024年5月31日，借款年利率为6%。该集团将1亿元的借款分别借给集团内的两家子公司甲和乙，借款期限与集团向银行的借款期限一致，但年利率为6.5%。问：集团公司向子公司甲和乙收取的利息能否免征增值税？

上述业务属于典型的统借统还业务，但不符合统借统还增值税免税优惠的适用条件，不能享受免征增值税的优惠。

统借统还业务是指：（1）企业集团或者企业集团中的核心企业向金融机构借款或对外发行债券取得资金后，将所借资金分拨给下属单位，并向下属单位收取用于归还金融机构或债券购买方本息的业务；（2）企业集团向金融机构借款或对外发行债券取得资金后，由集团所属财务公司与企业集团或者集团内下属单位签订统借统还贷款合同并分拨资金，并向企业集团或者集团内下属单位收取本息，再转付企业集团，由企业集团统一归还金融机构或债券购买方的业务。

根据规定[①]，在统借统还业务中，企业集团或企业集团中的核心企业以及集团所属财务公司按不高于支付给金融机构的借款利率水平或者支付的债券票面利率水平，向企业集团或者集团内下属单位收取的利息，属于免税利息收入。

统借方向资金使用单位收取的利息，高于支付给金融机构借款利率水平或者支付的债券票面利率水平的，应全额缴纳增值税。

值得注意的是，2018年8月17日，国家市场监督管理总局印发《关于做好取消企业集团核准登记等4项行政许可等事项衔接工作的通知》（国市监企注〔2018〕139号），取消了企业集团核准登记。根据国市监企注〔2018〕139号文的规定，取消企业集团核准登记后，集团母公司应将企业集团名称及集团成员信息通过国家企业信用信息公示系统向社会公示。国市监企注〔2018〕139号文下发前已经取得《企业集团登记证》的，可以不再公示。

实务中，税务机关通常对公示的集团公司及成员企业的统借统还业务享受相应的优惠予以认可。

① 参见《财政部 国家税务总局关于全面推开营业税改征增值税试点的通知》（财税〔2016〕36号）文件附件3《营业税改征增值税试点过渡政策的规定》第一条第十九项第7点。

（三）融资租赁

融资租赁是指出租人根据承租人所要求的规格、型号及性能等条件购入有形动产或者不动产租赁给承租人，合同期内租赁物所有权属于出租人，承租人只拥有使用权，合同期满付清租金后，承租人有权按照残值购入租赁物，以拥有其所有权。出租期限届满，不论出租人是否将租赁物销售给承租人，均属于融资租赁。融资租赁是具有融资性质和所有权转移特点的租赁活动。

按照标的物的不同，融资租赁服务可分为有形动产融资租赁服务和不动产融资租赁服务。

1．承租方的企业所得税和增值税

经营租赁方式租入的固定资产只能在出租方进行折旧、摊销，但融资租赁的固定资产应作为承租方的固定资产计提折旧或摊销。《企业所得税法实施条例》第五十八条规定："融资租入的固定资产，以租赁合同约定的付款总额和承租人在签订租赁合同过程中发生的相关费用为计税基础，承租合同未约定付款总额的，以该资产的公允价值和租赁人在签订租赁合同过程中发生的相关费用为计税基础。"以融资租赁方式租入的固定资产发生的租赁费支出，按照规定构成融资租入固定资产价值的部分应当提取折旧费用，分期扣除。

2．出租方的企业所得税和增值税

企业所得税方面，融资租赁中出租的固定资产不能作为出租方的固定资产计提折旧和摊销。《企业所得税法》第十一条规定："下列固定资产不得计算折旧扣除：……（三）以融资租赁方式租出的固定资产。"

增值税方面，经人民银行、银监会[①]或者商务部批准从事融资租赁业务的试点纳税人，提供融资租赁服务，以取得的全部价款和价外费用，扣除支付的借款利息（包括外汇借款和人民币借款利息）、发行债券利息和车辆购置税后的余额为销售额。有形动产融资租赁服务适用税率为13%，不动产融资租赁服务适用税率为9%。在纳入营改增试点之日前签订的尚未执行完毕的有形

---

① 该机构已撤销。根据2023年国务院机构改革方案，该机构职能将并入国家金融监督管理总局。后同。

动产租赁合同，可选择适用简易计税方法计税。

符合条件的融资租赁出租方可享受“即征即退”优惠。根据规定，经人民银行、银监会或者商务部批准从事融资租赁业务的试点纳税人中的一般纳税人，提供有形动产融资租赁服务和有形动产融资性售后回租服务，对其增值税实际税负超过3%的部分实行增值税“即征即退”政策。这里需要注意的是，不动产融资租赁服务和融资性售后回租不能享受“即征即退”优惠政策。

3．房产税

《财政部　国家税务总局关于房产税城镇土地使用税有关问题的通知》（财税〔2009〕128号）第三条规定：“融资租赁的房产，由承租人自融资租赁合同约定开始日的次月起依照房产余值缴纳房产税。合同未约定开始日的，由承租人自合同签订的次月起依照房产余值缴纳房产税。”

4．土地增值税

《中华人民共和国土地增值税暂行条例》规定：“转让国有土地使用权、地上的建筑物及其附着物并取得收入的单位和个人，为土地增值税的纳税义务人。”融资租赁期间，并未转让国有土地使用权、地上的建筑物及其附着物，出租人不需要缴纳土地增值税。若融资租赁期限届满，不动产权属发生转移，出租人需要缴纳土地增值税。

三、特殊融资方式

（一）优先股

案例6-11：2022年6月，某股份有限公司披露《非公开发行优先股预案》，拟募集资金总额不超过1 000 000万元的资金用于偿还有息负债。

优先股，是指依照《公司法》的规定，在普通种类股份之外，另行规定的其他种类股份，其股份持有人优先于普通股股东分配公司利润和剩余财产，但参与公司决策管理等权利受到限制。[①] 作为一种直接融资工具，优先股有利于优化企业财务结构、降低资产负债率，也为投资者提供了多元化的投资渠道，有利于促进资本市场稳定发展。当前，发行优先股的主体应为上市公司和股份有限公司。

优先股与普通股的区别如表 6-2 所示。

表 6-2 优先股与普通股的区别

区别	优先股	普通股
收益不同	不受公司经营状况影响	收益主要看公司经营状况
权利不同	通常没有参与公司管理决策的权利	有参与公司管理决策的权利
资产分配顺序不同	公司破产清算时，优先股清偿顺序在普通股之前	公司破产清算时，普通股清偿顺序在优先股之后
退股情况不同	优先股和普通股都不能退股，但优先股可由公司回购	普通股只能在二级市场上变现

优先股跨越了股权与债权的边界。优先股股东在股利分配、优先股转让和赎回环节均可能涉及缴纳相关税费，但现行税法并未对优先股的相关税务处理作出特别的规定。作为权益性投资工具，优先股的税务处理与普通的股权投资税务处理并无差异。比如，优先股股利分配属于企业税后利润分配，不能在公司企业所得税税前扣除；自然人股东持有上市公司发行的优先股取得的股息、红利适用股息、红利差别化征税政策等。[②]

（二）永续债

案例 6-12：2022 年 6 月 29 日，申万宏源（股票代码：000166）公开披露《关于申万宏源证券有限公司向专业投资者公开发行永续次级公司债券获得中国证监会注册批复的公告》。根据批复，中国证监会同意申万宏源证券向

① 参见《优先股试点管理办法（2023 修订）》（中国证券监督管理委员会令第 184 号）第二条的规定。

② 股息、红利个税差别化征税，是指持股期限在 1 个月以内（含 1 个月）的，其股息、红利所得全额计入应纳税所得额，实际税负为 20%；持股期限在 1 个月以上至 1 年（含 1 年）的，暂减按 50% 计入应纳税所得额，实际税负为 10%；持股期限超过 1 年的，暂减按 25% 计入应纳税所得额，实际税负为 5%。

专业投资者公开发行面值总额不超过200亿元永续次级公司债券的注册申请。

普通债券有明确约定的到期日，债务人需要按约定的还款日和利率还本付息。与普通债券不同，永续债是没有明确到期时间的债券。根据监管机构的不同，国内有3种债券品种具有“永续债”的特点，分别为发改委核准的“可续期企业债”、银行间市场交易商协会注册的“长期限含权中期票据”，以及交易所预审、证监会核准的“可续期公司债”。[①]

永续债主要涉及企业所得税、增值税及其附加、印花税。

1. 企业所得税

2019年4月16日，财政部与税务总局发布《关于永续债企业所得税政策问题的公告》（财政部税务总局公告2019年第64号），明确了永续债的企业所得税处理规则。

根据财政部、税务总局公告2019年第64号文的规定，企业发行的永续债，可以适用股息、红利企业所得税政策，也可以按债券利息进行所得税处理。但投资方和被投资企业应采用一致的税务处理原则。发行永续债的企业对每一永续债产品的税收处理方法一经确定，不得变更。企业对永续债采取的税收处理办法与会计核算方式不一致的，发行方、投资方在进行税收处理时须作出相应的纳税调整。

企业发行的永续债可以适用股息、红利的企业所得税政策，即：投资方取得的永续债利息收入属于股息、红利性质，按照现行企业所得税政策相关规定进行处理，其中，发行方和投资方均为居民企业的，永续债利息收入可以适用《企业所得税法》规定的居民企业之间的股息、红利等权益性投资收益免征企业所得税规定；同时发行方支付的永续债利息支出不得在企业所得税税前扣除。[②]

企业发行符合规定条件的永续债，也可以按照债券利息适用企业所得税政策，即：发行方支付的永续债利息支出准予在其企业所得税税前扣除；投

① 周岳，张丽平. 一文看懂永续债.[EB/OL].（2022-03-03）.https://caifuhao.eastmoney.com/news/20200219084819890328930.

② 参见《关于永续债企业所得税政策问题的公告》（财政部 税务总局公告2019年第64号）第一条的规定。

资方取得的永续债利息收入应当依法纳税。[①]

值得注意的是，财政部、税务总局公告2019年第64号文仅明确了永续债利息的企业所得税处理规则，并未对永续债在发行、买卖、赎回环节可能涉及的企业所得税事项作出规定。笔者认为，其他环节的税务处理应延续财政部、税务总局公告2019年第64号文的逻辑，区分“权益性投资”和“利息”并进行相应的税务处理。

2．增值税和印花税

现行税收法规未对永续债利息的增值税处理作出明确规定，也未明确永续债的印花税如何缴纳。

笔者认为，财政部、税务总局公告2019年第64号文中对于企业所得税的处理逻辑应同样适用于增值税和印花税。

（三）可转换债券

案例6-13：2022年7月26日，再升科技（股票代码：603601）披露，公司公开发行可转换债券申请获得中国证监会发审会审核通过。根据之前披露的信息，再升科技拟通过发行可转换债券募集总额不超过人民币5.10亿元（含5.10亿元）的资金用于项目投资。

可转换债券，是指公司依法发行、在一定期间内依据约定的条件可以转换成该公司股票的公司债券，属于《中华人民共和国证券法》（以下简称《证券法》）规定的具有股权性质的证券。[②]可转换债券的发行主体只能是上市公司。

2021年6月22日，《国家税务总局关于企业所得税若干政策征管口径问题的公告》（国家税务总局公告2021年第17号），是截至本书出版之际，唯

① 财政部与税务总局发布《关于永续债企业所得税政策问题的公告》（财政部 税务总局公告2019年第64号）第三条规定：“本公告第二条所称符合规定条件的永续债，是指符合下列条件中5条（含）以上的永续债：（一）被投资企业对该项投资具有还本义务；（二）有明确约定的利率和付息频率；（三）有一定的投资期限；（四）投资方对被投资企业净资产不拥有所有权；（五）投资方不参与被投资企业日常生产经营活动；（六）被投资企业可以赎回，或满足特定条件后可以赎回；（七）被投资企业将该项投资计入负债；（八）该项投资不承担被投资企业股东同等的经营风险；（九）该项投资的清偿顺序位于被投资企业股东持有的股份之前。”

② 参见《可转换公司债券管理办法》（中国证券监督管理委员会令第178号）第二条。

一与可转换债券直接相关的税务问题文件。根据国家税务总局公告2021年第17号文规定，可转换债券的购买方企业在转股前和转股时，应将取得的利息和应收未收利息收入依法申报企业所得税（该应收未收利息即使会计上未确认收入，税收上也应当作为当期利息收入申报纳税）；发行方企业发生的可转换债券的利息，按照规定在税前扣除。

另外，收到利息的一方需要就利息所得缴纳增值税及其附加。

（四）REITs融资

REITs（Real Estate Investment Trust，简称REITs），是指依法向社会投资者公开募集资金形成基金财产，通过资产支持证券等特殊目的载体持有项目公司，由基金管理人等负责管理运营，并将产生的绝大部分收益分配给投资者的标准化金融产品。REITs生命周期包括资产重组、设立、运营及分配、退出等环节，不同环节的交易可能涉及缴纳不同的税收。对参与REITs的相关利益主体而言，税收成本是影响融资成本和投资回报的重要因素。

以基础设施REITs为例，REITs不同阶段可能涉及的税种如表6-3所示。

表6-3 REITs不同阶段可能涉及的税种

阶段	可能涉及的税种
资产重组阶段	企业所得税、增值税、土地增值税、契税、印花税
设立阶段	企业所得税、增值税、土地增值税、契税
运营及分配阶段	企业所得税、增值税
退出阶段	企业所得税、增值税

除了企业所得税之外，现行税收法规并未单独针对REITs出台相关的税收优惠政策。参与REITs的相关纳税人需要根据不同环节的交易形式，评估可能涉及的税收及可适用的优惠政策。

在企业所得税领域，为支持基础设施领域不动产投资信托基金（基础设施REITs）试点，财政部和税务总局于2022年1月发布《关于基础设施领域不动产投资信托基金（REITs）试点税收政策的公告》（财政部 税务总局公告 2022 年第 3 号）。公告规定，如下两个阶段交易享受企业所得税税收优惠：（1）原始权益人将持有的基础设施资产划转给项目公司，让项目公司拥有底层基础设施资产；（2）原始权益人向特殊载体转让项目公司股权，完成将标的公司股权注入特殊载体。

财政部、税务总局公告 2022 年第 3 号文规定："设立基础设施 REITs 前，原始权益人向项目公司划转基础设施资产相应取得项目公司股权，适用特殊性税务处理，即项目公司取得基础设施资产的计税基础，以基础设施资产的原计税基础确定；原始权益人取得项目公司股权的计税基础，以基础设施资产的原计税基础确定。原始权益人和项目公司不确认所得，不征收企业所得税。

"基础设施 REITs 设立阶段，原始权益人向基础设施 REITs 转让项目公司股权实现的资产转让评估增值，当期可暂不缴纳企业所得税，允许递延至基础设施 REITs 完成募资并支付股权转让价款后缴纳。其中，对原始权益人按照战略配售要求自持的基础设施 REITs 份额对应的资产转让评估增值，允许递延至实际转让时缴纳企业所得税。

"原始权益人通过二级市场认购（增持）该基础设施 REITs 份额，按照先进先出原则认定优先处置战略配售份额。"

第五节　投资型模式下的税务优化管理

投资机构商业模式的本质是低买高卖。典型的投资机构运作模式为：投资机构通过向投资人募集资金，利用自己的专业管理能力寻找投资标的，待标的公司上市或被并购后获利退出。投资机构的主要收入来源于管理费（不超过募集资金总额的 2%）和超额收益分成。

投资人的投资回报率受多种因素的影响，包括投资机构的管理能力、资金管理规模、市场定位、投资周期、投资策略、市场环境等。税务成本，也是影响投资人最终实际回报的重要因素之一，而投资载体（investment vehicles）选择的不同将很大程度上决定投资人的税负及可适用的税收优惠政策。常见的投资载体包括创业投资企业（可简称为创投企业）、有限合伙制基金、契约型基金、资管计划、证券投资基金等，本节将重点介绍常见的投资载体的税务管理要点与税务优化实务。

一、公司型创投企业的税务优化管理

案例 6-14：A 公司是一家专门投资初创企业的投资公司，实缴资本和注册资本均为人民币 3 000 万元。甲公司为一家在 2016 年注册成立的初创型中小高新技术企业。2019 年 1 月，A 公司向甲公司投资人民币 1 000 万元；2021 年 6 月，A 公司以 5 000 万元人民币的价格转让退出。

假定 A 公司不存在其他收入和成本费用，A 公司正常情况下应缴纳的企业所得税为（5 000–1 000）×25%=1 000（万元）。A 公司采用何种方案可以降低和优化企业所得税税负？

（一）创投企业及其税收优惠

创投企业，是指在中华人民共和国境内注册设立的主要从事创业投资的企业组织。[①] 创投企业的发展，有利于改善中小企业的融资环境，推动技术创新，促进资本市场繁荣。创投企业可以采取公司制组织形式，也可采用有限合伙的组织形式。为支持创投企业的发展，国家对符合条件的创投企业投资于初创科技型企业给予税收优惠。

根据规定[②]，公司型创投企业采取股权投资方式直接投资于种子期、初创期科技型企业（以下简称初创科技型企业）满 2 年（24 个月）的，可以按照

① 创业投资，是指向创业企业进行股权投资，以期所投资创业企业发育成熟或相对成熟后主要通过股权转让获得资本增值收益的投资方式。创业企业，是指在中华人民共和国境内注册设立的处于创建或重建过程中的成长性企业，但不含已经在公开市场上市的企业。

② 参见《财政部　税务总局关于创业投资企业和天使投资个人有关税收政策的通知》（财税［2018］55 号）第一条的规定。

投资额的 70% 在股权持有满 2 年的当年抵扣该公司型创投企业的应纳税所得额；当年不足抵扣的，可以在以后纳税年度结转抵扣。如表 6-4 所示，享受该优惠的创投企业和初创科技型企业应满足如下条件：

表 6-4 享受优惠的创投企业和初创科技型企业应满足的条件

主体	优惠条件
创投企业	•在中国境内（不含港、澳、台地区）注册成立、实行查账征收的居民企业，且不属于被投资初创科技型企业的发起人 •符合《创业投资企业管理暂行办法》（发展改革委等 10 部门令第 39 号）规定或者《私募投资基金监督管理暂行办法》（证监会令第 105 号）关于创业投资基金的特别规定，按照上述规定完成备案且规范运作 •投资后 2 年内，创业投资企业及其关联方持有被投资初创科技型企业的股权比例合计应低于 50%
初创科技型企业	•在中国境内（不包括港、澳、台地区）注册成立、实行查账征收的居民企业 •接受投资时，从业人数不超过 200 人，其中具有大学本科以上学历的从业人数不低于 30%；资产总额和年销售收入均不超过 3 000 万元 •接受投资时设立时间不超过 5 年（60 个月） •接受投资时以及接受投资后 2 年内未在境内外证券交易所上市 •接受投资当年及下一纳税年度，研发费用总额占成本费用支出的比例不低于 20%

另外，符合条件的创投企业应每年向本省的发改委或基金业协会备案。

（二）A 公司设立为创投企业，可节省 A 公司层面的企业所得税

A 公司作为专门投资初创企业的投资公司，符合创投公司的设立条件时，应将 A 公司设立为创投企业。如 A 公司为创投企业，A 公司转让甲公司投资的交易可享受创投企业的税收优惠，即 A 公司 2021 年度应纳的企业所得税为（5 000−1 000−1 000 × 70%）× 25%=825（万元）。

与未享受税收优惠相比，A 公司注册为创投企业可节省税款 175 万元（1 000−825）。但正常情况下，A 公司向个人股东分配股息、红利时，股东仍需要缴纳 20% 的个人所得税，与有限合伙制创投企业相比，存在重复征税问题。

（三）北京和上海特定区域内公司型创投企业的特别税收优惠

为鼓励长期投资，2020年底和2021年，四部委相继发布了两个文件，对在北京和上海特定区域内设立的公司型创投企业规定了力度更大的税收优惠。[①]

根据这两个文件，注册在北京市中关村国家自主创新示范区和上海市浦东新区特定区域[②]内的创投企业，可享受如表6-5所示的税收优惠。该优惠政策一定程度上缓解了公司型创投企业在公司和个人股东层面的重复征税问题。

表6-5　北京和上海特定区域内公司型创投企业的特别税收优惠

适用条件	税收优惠
转让持有3年以上股权的所得占年度股权转让所得总额的比例超过50%的	按照年末个人股东持股比例减半征收当年企业所得税：企业所得税免征额＝年末个人股东持股比例 × 本年度企业所得税应纳税额 ÷2
转让持有5年以上股权的所得占年度股权转让所得总额的比例超过50%的	按照年末个人股东持股比例免征当年企业所得税：企业所得税免征额＝年末个人股东持股比例 × 本年度企业所得税应纳税额

二、合伙制创投企业的税务优化管理

案例6-15：沿用上例，如果A公司为有限合伙制创投企业，A公司的有限合伙人如何缴税？

① 参见《财政部　税务总局　发展改革委　证监会关于中关村国家自主创新示范区公司型创业投资企业有关企业所得税试点政策的通知》（财税〔2020〕63号）和《财政部　税务总局　发展改革委　证监会关于上海市浦东新区特定区域公司型创业投资企业有关企业所得税试点政策的通知》（财税〔2021〕53号）。

② 浦东新区特定区域，是指中国（上海）自由贸易试验区、中国（上海）自由贸易试验区临港新片区浦东部分和张江科学城。其中：中国（上海）自由贸易试验区，按照《国务院关于印发进一步深化中国（上海）自由贸易试验区改革开放方案的通知》（国发〔2015〕21号）规定的地理范围执行；中国（上海）自由贸易试验区临港新片区浦东部分，按照《国务院关于印发中国（上海）自由贸易试验区临港新片区总体方案的通知》（国发〔2019〕15号）规定的地理范围中位于浦东的部分执行；张江科学城，按照《上海市人民政府关于印发〈上海市张江科学城发展“十四五”规划〉的通知》（沪府发〔2021〕11号）规定的地理范围执行。

（一）有限合伙制创投企业的税收优惠

有限合伙企业属于所得税税收透明体。有限合伙企业本身不需要缴纳任何的所得税，而是穿透至每个合伙人，由合伙人缴纳所得税。有限合伙企业的合伙人是自然人的，按生产经营所得（适用税率为5%～35%的超额累进税率）缴纳个税；合伙人是公司的，缴纳企业所得税。

有限合伙制创投企业，采取股权投资方式直接投资于初创科技型企业满2年的，该合伙创投企业的合伙人可享受的税收优惠见表6-6。

表6-6　符合条件的有限合伙创投企业的合伙人可享受的税收优惠

合伙人	税收优惠
法人合伙人	可以按照对初创科技型企业投资额的70%抵扣法人合伙人从合伙创投企业分得的所得；当年不足抵扣的，可以在以后纳税年度结转抵扣
自然人合伙人	个人合伙人可以按照对初创科技型企业投资额的70%抵扣个人合伙人从合伙创投企业分得的经营所得；当年不足抵扣的，可以在以后纳税年度结转抵扣

（二）有限合伙制创投企业单一核算与综合核算

2018年8月初，《国家税务总局稽查局关于2018年股权转让检查工作的指导意见》（税总稽便函〔2018〕88号，以下简称“指导意见”）的发布，引发市场的广泛关注。指导意见认为，此前地方税务机关按20%的税率对自然人LP征税的地方规定和实践行为，有违《税收征收管理法》第三条的规定，要求按经营所得适用税率追征少缴的税款。

因反响巨大，经国务院常务会议讨论后，国家税务总局等部门于2019年1月发布了《关于创业投资企业个人合伙人所得税政策问题的通知》（财税〔2019〕8号），允许有限合伙制创投企业选择单一核算或综合核算。创投企业选择按单一投资基金核算或按创投企业年度所得整体核算后，3年内不能变更。两种核算方式的差别如表6-7所示：

表 6-7　两种核算方式的差别

	单一基金核算	综合核算
适用税率	20%	5%～35%
应纳税所得额	• 单个投资项目的股权转让所得＝年度股权转让收入－股权原值－转让环节合理费用 • 单一投资基金的股权转让所得＝同一纳税年度各投资项目股权转让所得和亏损互抵后的余额；若余额小于零的，该基金年度股权转让所得按零计算且不能跨年结转	• 每一纳税年度的收入总额减除成本、费用以及损失后，计算应分配给个人合伙人的所得 • 年度核算亏损的，准予按有关规定向以后年度结转
扣除	管理费用及业绩报酬不得在核算时扣除	管理费用及业绩报酬可扣除；没有综合所得的，可依法减除基本减除费用、专项扣除、专项附加扣除以及国务院确定的其他扣除，但仅可减除一次上述费用和扣除
创投企业税收优惠叠加适用	可叠加适用，当年不足抵扣的，不得向以后年度结转	可叠加适用，亏损可向以后年度结转，但最长不超过 5 年

三、合伙企业能否通过核定征收方式进行税务优化

（一）合伙企业自然人合伙人为何偏爱核定征收方式

自然人合伙人设立的合伙企业[①]取得的经营所得，有两种个人所得税征税方式：据实（查账）征收和核定征收。2022 年之前，一些地方政府为吸引税源，允许从事股权投资的合伙企业采用核定征收的方式缴纳个人所得税。以应税所得率 10% 为例，合伙企业合伙人的实际个人税负仅为 0.5%～3.5%。该政策导致实务中，大量高收入人群和从事投资业务的合伙企业采用核定征收方式避税，有损税收公平。

① 包括普通合伙企业和有限合伙企业。

（二）合伙企业权益性投资不得采用核定征收方式

审计署审计长侯凯在2021年12月21日全国人大常委会上作的《国务院关于2020年度中央预算执行和其他财政收支审计查出问题整改情况的报告》（以下简称《报告》）明确指出“个人所得税核定征收存在漏洞，部分高收入人员借此逃税”的问题。根据文件，截至2021年11月20日，涉及的197人中，除重病3人、失联37人外，其余157人已申报补税8.4亿元。

有鉴于此，财政部和税务总局于2021年最后一天发布的《关于权益性投资经营所得个人所得税征收管理的公告》（财政部 税务总局公告2021年第41号，以下简称“41号公告”），要求自2022年1月1日起，“持有股权、股票、合伙企业财产份额等权益性投资的个人独资企业、合伙企业，一律适用查账征收方式计征个人所得税”。

“独资合伙企业应自持有上述权益性投资之日起30日内，主动向税务机关报送持有权益性投资的情况；41号公告实施前独资合伙企业已持有权益性投资的，应当在2022年1月30日前向税务机关报送持有权益性投资的情况。税务机关接到核定征收独资合伙企业报送持有权益性投资情况的，调整其征收方式为查账征收。”

因此，持有权益性投资业务的合伙企业不能通过核定征收方式缴税或进行税务优化。

四、信托关系投资结构的税务管理和优化安排

信托关系的投资结构包括契约型基金、资管计划和信托等。

根据《中国证券投资基金年报（2021年）》，截至2020年末，在私募股权投资基金中，合伙型基金的数量和规模占比均最高，分别为77.17%和79.69%；其次为契约型基金，数量和规模占比分别为21.06%和10.14%；最低为公司型基金，数量和规模占比分别为1.72%和10.08%。

（一）信托关系投资结构的优势和不足

在私募股权投资基金领域，契约型基金等信托关系投资架构的使用比合伙制架构少的一个重要原因，是该架构作为“三类股东”，在被投企业后续的上市及再融资过程中面临穿透核查等问题，可能影响企业的上市融资进程。

但在现行法规和实务中，契约型基金等信托关系投资架构仍然有其税务优势。因缺乏信托方面的个人所得税明确规则，实务中个人从契约型基金及其他信托关系投资结构中取得所得，大多数情况下并未被征收个人所得税。

（二）个人从信托关系投资架构取得收入的纳税风险

尽管如此，这并不意味着契约型基金不存在征税的风险。笔者在实务中曾碰到过契约型基金被征税的案例。在该案例中，因契约型基金的管理人未将基金收入及成本与管理人的收入、成本分开核算，税务机关要求基金管理人将所有的收入都作为基金的收入缴纳企业所得税。这提醒采用信托关系投资结构的股东应就基金的收入及成本单独核算，避免与自身的财产和收入混同而导致税务风险。另外，拟采用信托关系投资结构的投资人及股东，也应关注国家有关信托个人所得税税制的最新变化，从而选择适当的投资架构。

（三）深圳契约型私募基金投资企业商事登记的试点及影响

2022 年 3 月 29 日，深圳市地方金融监管局披露，经国家发改委同意，深圳市将率先开展契约型私募基金投资企业商事登记的试点。私募基金管理人运用契约型私募基金投资企业的，允许以担任私募基金管理人的公司或合伙企业名称（代表“契约型私募基金产品名称”）的形式登记为被投资公司股东或合伙企业合伙人。目前，深圳有多支契约型私募股权基金所投企业已完成股东名称商事信息变更。

但上述试点只是对被投企业的商事登记试点，并不涉及契约型基金的个税征收政策问题。因此，上述试点并不影响契约型基金个人投资者当前事实上不缴个税的实际操作。

第七章

07 商业整合中的税务优化管理

第一节　商业经营变化与税收冲突

一、商业变革的动力和方式

世上没有一成不变的商业模式。商场如战场，市场瞬息万变，商机稍纵即逝。如果没有顺应时势的变化和创新，企业昨日的成功经验将演变为未来发展的障碍。

商业上寻求变化和创新的根本动力，是希望实现资源的最优配置和发挥资源的最大效用。人、财、物、信息、市场和渠道，是信息技术时代企业最重要的5种资源。

企业寻求变革和突破的方式多种多样。东南沿海的一些制造企业将工厂迁往人力成本或制造成本更低的东南亚国家或地区，或以在国内中西部地区设立子公司或分公司的方式来增强自身产品或服务的竞争优势，均是这些企业寻求变革的方式。上市公司通过并购获取被并购企业的人才、技术、资产、市场或渠道等，寻求变革和突破。也有企业通过将内部某个职能/功能部门独立成立新公司的方式，来优化内部的分工和组织结构。对于陷入经营困境的企业而言，如何能引入新的投资人、跟债务人实现某种程度的债务和解，对于企业摆脱困境、实现涅槃重生具有重要意义。

变革和创新，是企业经营中永恒的主题，也是企业能在市场中立于不败之地的制胜法宝。

二、商业变革可能引发税收冲突

商业变革有时会引发税收冲突。实施变革方案前，合理评估方案的潜在税务影响和税收冲突，对于方案的顺利实施至关重要。选择合理的实施方案，能有效控制实施过程中的税务成本，并避免税收冲突。

（一）应税交易方案未评估税务影响而导致并购失败

从税收角度而言，商业变革的实施方式或交易方式（如股权收购、资产收购、合并、分立、债务豁免等），可能被视为应税交易。如果某种交易方式被视为税法上的应税交易且不满足递延纳税或免税的条件，该交易方案可能因税费过高而不具有商业上的合理性或可行性。

2015 年 1 月 22 日，《上海证券报》发表了《7 000 万税单“逼停”北纬通信 3.62 亿元重组》的报道。随后不久，国投中鲁也披露了因未适当评估重组交易的税务影响，导致重组失败的信息。上述案例在资本市场引起巨大反响。下面以北纬通信并购案为例，简述重组交易中评估税务影响的重要性。

1．北纬通信并购交易案情回顾

2014 年 6 月，北纬通信曾抛出一项耗资 3.6 亿元的收购计划，公司拟以发行股份及支付现金的方式购买杭州掌盟 82.97% 的股权，其中现金支付近 1.5 亿元，交易完成后将合计持有杭州掌盟 100% 的股权。支付方式为 40% 的现金支付 + 60% 的股权支付。该并购方案于 2014 年 11 月通过了证监会的审批。杭州掌盟董事长蔡红兵等 6 人也作出承诺，12 个月内不转让股份。

但在 2015 年 1 月 15 日，北纬通信发布公告称，公司于 2015 年 1 月 13 日收到重大资产重组交易对方杭州掌盟蔡红兵、冯利平、钟伟俊、张苗苗、马琴、马峰《关于终止履行与北纬通信重组协议的函》，其将单方面终止履行重组协议并承担违约责任。根据披露，原并购方案终止的原因为，杭州掌盟的 6 名自然人股东无力筹措到税务主管机关要求的因本次交易所产生的逾 7 000 万元巨额税款，最终导致该项收购无疾而终，宣告终止。

2. 1.5亿元的现金对价为何不够支付7 000万元的个人所得税

根据并购安排，1.5亿元的现金对价需要分四期支付。交割完成后，首期支付6名自然人股东的现金约为5 649万元，剩余金额在2014、2015、2016年度标的公司的审计报告出具后支付。

在证监会批准并购交易后、并购交易实施前，国家税务总局在2014年12月7日发布《股权转让所得个人所得税管理办法（试行）》（国家税务总局公告2014年第67号），该办法自2015年1月1日起实施。根据公告，以股权对外投资或进行其他非货币性交易属于应税交易。受让方已支付或部分支付股权转让价款的或股权转让协议已签订生效时，扣缴义务人、纳税人应当依法在次月15日内向主管税务机关申报纳税。[①]

该办法实施后，各地税务机关开始严格执行纳税义务发生时间的规定，要求从事非货币性资产投资交易的纳税人在纳税义务发生时一次性全额缴纳个人所得税。根据规定，杭州掌盟的6名自然人股东需要在交易发生的次月15日内一次性缴纳本次交易应纳的7 000万元左右的个人所得税。但根据交易支付进度安排，该6名自然人股东在交易发生时仅取得5 649万元的现金，显然不能足额覆盖税款，最终导致交易搁浅。

杭州掌盟并购安排搁浅的主要原因，是由于交易过程中非货币性资产投资个税交易规则和执行口径发生变化，而交易现金的支付进度安排，使得无法在交易发生时一次性全额缴纳整体交易应纳的个人所得税。

北纬通信因7 000万元税款而使重组搁浅的事情让很多人大跌眼镜，直呼“奇葩”，社会反响巨大。不久后，财政部和国家税务总局联合发布的《关于个人非货币性资产投资有关个人所得税政策的通知》（财税〔2015〕41号），允许非货币性资产投资交易的个人在5年内分期缴纳个人所得税。

---

① 国家税务总局公告2014年第67号公告第二十条规定，具有下列情形之一的，扣缴义务人、纳税人应当依法在次月15日内向主管税务机关申报纳税：（一）受让方已支付或部分支付股权转让价款的；（二）股权转让协议已签订生效的；（三）受让方已经实际履行股东职责或者享受股东权益的；（四）国家有关部门判决、登记或公告生效的；（五）本办法第三条第四至第七项行为已完成的；（六）税务机关认定的其他有证据表明股权已发生转移的情形。

3．非货币性资产投资个税征税规则和执行口径的演变

2011 年之前，中国并未对非货币性资产投资交易征收个人所得税。2005 年 4 月 13 日，《国家税务总局关于非货币性资产评估增值暂不征收个人所得税的批复》（国税函〔2005〕319 号）规定，考虑到个人所得税的特点和目前个人所得税征收管理的实际情况，对个人将非货币性资产进行评估后投资于企业，其评估增值取得的所得在投资取得企业股权时，暂不征收个人所得税。在投资收回、转让或清算股权时如有所得，再按规定征收个人所得税，其"财产原值"为资产评估前的价值。国税函〔2005〕319 号文后被《国家税务总局关于公布全文失效废止、部分条款失效废止的税收规范性文件目录的公告》（国家税务总局公告 2011 年第 2 号）所废止。

2011 年 2 月 17 日，国家税务总局在《关于个人以股权参与上市公司定向增发征收个人所得税问题的批复》（国税函〔2011〕89 号）中首次明确，自然人以其所持该公司股权评估增值后，参与苏宁环球股份有限公司定向增发股票属于股权转让行为，其取得所得，应按照"财产转让所得"项目缴纳个人所得税。但因国税函〔2011〕89 号文仅是个案批复，不具有普遍的适用效力，实践中很多地方并未执行国税函〔2011〕89 号文的规定。

伴随着国家税务总局公告 2014 年第 67 号文的生效实施，一些地方的税务机关开始严格要求非货币性资产投资的个人在纳税义务发生时一次性全额缴纳非货币性资产投资的个人所得税。这导致 2015 年前后的数个上市公司并购交易均因国家税务总局公告 2014 年第 67 号文的公布而搁浅，资本市场反应强烈。

有鉴于此，2015 年 3 月 30 日，《财政部　国家税务总局关于个人非货币性资产投资有关个人所得税政策的通知》（财税〔2015〕41 号）规定，非货币性资产投资交易中，"纳税人一次性缴税有困难的，可合理确定分期缴纳计划并报主管税务机关备案后，自发生上述应税行为之日起不超过 5 个公历年度内（含）分期缴纳个人所得税"。

4．北纬通信并购失败案的启示

北纬通信并购交易失败，既有交易过程中遭遇政策和执行口径变化的原因，也有交易安排未充分评估和考虑个税风险、交易支付进度安排未预留足额税款的原因。

事实上，在一些更为保守的并购交易中，不仅会安排不少于 20% 的现金支付比例，还会通过预扣解付或者首期支付不少于 20% 的现金的方式来保证转让方的缴税义务。

虽然财税〔2015〕41 号文已允许非货币性资产投资的个人选择 5 年内分期纳税，但北纬通信并购失败案仍然具有现实的警示意义，即重大交易方案实施前，纳税人应合理评估方案的潜在税务影响和税收冲突。

（二）非应税交易为何也要评估是否存在税收冲突

迁址虽不属于应税行为，但因直接迁址会造成迁出地的税源减少。实务中计划迁址的企业，尤其是历史期间纳税较多的企业，往往会遭遇现实的困难或阻拦。

第二节　企业并购中的税务优化管理

伴随着中国经济和资本市场的发展，并购活动已成为企业进行资源整合或投资退出的常用工具。通过并购，并购方可以获取被并购方的人员、技术、资产、市场和销售渠道等，达到优化资源配置和提升市场占有率等目的。对被并购方而言，并购也给标的公司的股东提供了除上市之外的退出途径。

股权收购和资产收购是实务中最常见的两种并购模式。一些并购是为整合外部资源的非关联方并购，而有些并购则是为整合内部资源的关联方并购。两种模式下的交易结构、法律风险不尽相同。

税务成本是影响企业并购决策的重要因素之一。如何管理并购中的税务风险、优化并购交易中的税务成本，对并购交易的顺利实施具有重要影响。本节将通过两个案例分析非关联并购和关联并购的税务管理与税务优化。

一、非关联方并购中的税务优化管理

案例 7-1：甲公司是一家于 2007 年成立的商贸公司，自然人股东 A 和 B 分别持有甲公司 51% 和 49% 的股权。甲公司的主要资产为一幢自持的商业办公楼。甲公司自成立至今，每年的主要收入来自办公楼的出租收入。

2022 年，甲公司拟以人民币 1 亿元的转让价格将该办公楼转让给非关联的乙公司。应如何优化转让过程中的税负？

（一）股权收购与资产收购

股权收购和资产收购是两种不同性质的交易行为。股权收购和资产收购的主要区别如表 7-1 所示：

表 7-1　股权收购和资产收购的主要区别

主要区别	股权收购	资产收购
商业地产法律上的所有权	不变[①]	变更为乙公司
是否承继甲公司历史期间的不合规风险	承继[②]	不承继
交易环节税费	涉及税费较少	涉及税费较多

① 商业地产法律形式上的所有权不变更，仍为甲公司。甲公司的股东由自然人 A 和 B 变更为乙公司。

② 乙公司收购甲公司股权后，甲公司存续。乙公司以对甲公司的认缴出资额为限承继甲公司历史期间的经营风险。

（二）两种不同收购方式的税费比较

1．收购环节股权收购和资产收购的税费比较

表 7-2　收购环节股权收购和资产收购的税费比较

税费	股权收购		资产收购	
	转让方	收购方	转让方	收购方
个人所得税	√	—	—	—
企业所得税	—	—	√	—
增值税及其附加	—	—	√	—
土地增值税①	—	—	√	—
契税	—	—	—	√
印花税	√	√	√	√

2．两种不同并购方式对收购方的税务影响

在股权收购模式下，收购方取得的商业办公楼的税务事项并未发生变化，商业办公楼仍沿用原有的折旧摊销方式。但在资产收购中，收购方将按实际交易价格和收购过程中发生的相关税费，重新确认商业办公楼的入账价值，并据此进行折旧摊销，有利于降低收购方未来的税负。

在交易价格固定不变的情况下，股权收购有利于降低标的资产交易环节转让方的税负，资产收购有利于降低收购方未来经营中的税负。

（三）方案选择建议

并购交易决策需要综合考虑商业、法律、财务、税务等方面的风险。实施并购交易前，收购方应对标的企业或资产进行全面的尽职调查，以防范潜在的法律风险。

① 一般来说，股权转让不征收土地增值税，但国税函［2000］687 号、国税函［2009］387 号、国税函［2011］415 号，都强调对股权形式表现的资产（主要是土地使用权、地上建筑物及附着物），以股权转让名义转让土地使用权，要求缴纳土地增值税。但这些案例只是个案批复，并不具有普遍的实用性。

从税务角度而言，股权收购和资产收购各有利弊。交易双方应根据自身的实际情况和需要选择合适的并购方式。

二、关联并购中的税务优化管理

案例 7-2：2021 年 9 月 4 日，东方集团（股票代码：600811）披露了《发行股份及支付现金购买资产暨关联交易预案（修订稿）》。根据披露，东方集团拟通过发行股份及支付现金的方式购买上市公司控股股东（东方集团有限公司，后文简称“东方有限”）持有的辉澜公司 92% 的股权。其中，东方集团以现金支付的比例不超过交易总对价的 15%，其余部分以股权支付，支付现金及发行股份的具体比例将由交易双方协商确定。标的资产的最终交易价格将以具备相应业务资质的评估与估值机构出具的评估报告与估值报告所载标的资产评估与估值结果为定价参考依据。

本次交易完成后，东方集团将辉澜公司纳入合并报表范围，并通过辉澜公司间接持有香港联交所上市公司联合能源 30.55% 股权并享有联合能源 71.34% 表决权。东方集团主营业务将增加石油及天然气勘探开发，成为集现代农业及健康食品、石油及天然气开发、新型城镇化开发、投资金融及港口等产业为一体的大型控股集团公司。

本次交易前后，东方有限及东方集团简化的控股架构如图 7-1 所示。

（一）本次交易为何设置现金支付比例不超过 15%

根据东方集团 2021 年 9 月 4 日回复上海证券交易所有关“本次交易设置现金支付比例不超过 15% 的主要考虑”的反馈，本次交易股份及现金对价支付比例设置系经交易双方协商谈判，并综合考虑交易对方现金需求、上市公司财务状况和股权结构及特殊性税务处理要求等因素综合确定。[①]

① 参见 2021 年 9 月 4 日东方集团股份有限公司关于上海证券交易所《关于对东方集团股份有限公司重组预案信息披露的问询函》之回复公告。

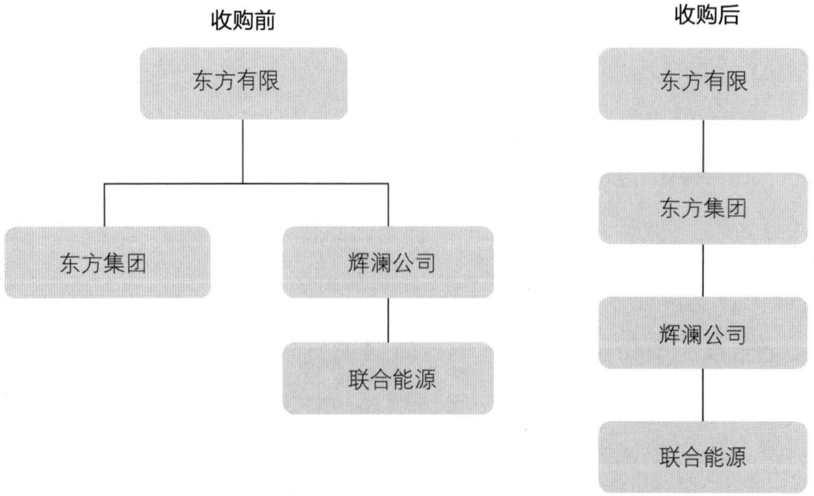

图 7-1　交易前后东方有限及东方集团简化的控股结构

上述反馈表明，合理利用企业所得税特殊重组递延纳税优惠降低交易税费，是现金支付比例安排的重要影响因素。

1．境内并购企业所得税特殊重组适用条件

为鼓励企业兼并重组和做大做强，国家出台了一系列鼓励资产重组的税收优惠文件。符合条件的并购交易可以享受免税或者递延纳税优惠。

根据《财政部　国家税务总局关于企业重组业务企业所得税处理若干问题的通知》（财税〔2009〕59 号）以及《财政部　国家税务总局关于促进企业重组有关企业所得税处理问题的通知》（财税〔2014〕109 号）的相关规定，同时符合如下条件境内重组，可以选择适用递延纳税的特殊性税务处理（见表 7-3），即：（1）被收购企业的股东取得收购企业股权的计税基础，以被收购股权的原有计税基础确定；（2）收购企业取得被收购企业股权的计税基础，以被收购股权的原有计税基础确定；（3）收购企业、被收购企业的原有各项资产和负债的计税基础和其他相关所得税事项保持不变。

表 7-3　适用递延纳税的特殊性税务处理的条件

序号	条件	具体规定
1	合理商业目的	具有合理的商业目的，且不以减少、免除或者推迟缴纳税款为主要目的
2	实质性交易	被收购、合并或分立部分的资产或股权比例不低于 50%
3	主要为股权支付	重组交易对价中涉及股权支付金额不低于 85%
4	经营的连续性	企业重组后的连续 12 个月内不改变重组资产原来的实质性经营活动
5	权益的连续性	企业重组中取得股权支付的原主要股东，在重组后连续 12 个月内，不得转让所取得的股权

2．本次并购能否适用特殊性税务处理

本次收购辉澜公司的股权比例为 92%，高于 50%，同时股权支付的比例不低于本次交易总额的 85%。因此，本次股权与现金支付比例上限的设置旨在满足财税〔2009〕59 号文和财税〔2014〕109 号文关于适用特殊性税务处理的收购股权比例要求。

在本次并购符合财税〔2009〕59 号文其他特殊重组适用条件的前提下，本次并购交易双方可选择适用财税〔2009〕59 号文的特殊性税务处理方式进行税务处理。

（二）本次交易如果选择特殊性税务处理，是否不需要缴纳任何的所得税

并购交易符合财税〔2009〕59 号文的特殊性税务处理适用条件且双方同意选择适用特殊性税务处理，并不意味着并购交易不涉及缴纳任何的所得税。

假定本次并购交易最终确定的现金支付比例为 15%，则现金支付部分仍需要在交易当期确认股权的转让所得或损失，并调整股权的计税基础。

根据财税〔2009〕59 号文的规定，非股权支付对应的资产转让所得或损失 =（被转让资产的公允价值 − 被转让资产的计税基础）×（非股权支付金额 ÷ 被转让资产的公允价值）。

（三）选择特殊性税务处理，是否需要事先审批或备案

伴随着简政放权在税务系统的推行，国家税务总局取消了纳税人适用特殊性税务处理的事先确认或备案程序，改为由纳税人“自行判别、申报享受、相关资料留存备查”。

企业并购业务适用特殊性税务处理的，除财税〔2009〕59 号文第四条第（一）项所称，除企业发生其他法律形式简单改变情形外，并购各方应在该并购业务完成当年，办理企业所得税年度申报时，分别向各自主管税务机关报送“企业重组所得税特殊性税务处理报告表及附表”和申报资料。合并、分立中重组一方涉及注销的，应在尚未办理注销税务登记手续前进行申报。

在办理的时间顺序上，一般由重组主导方申报后，其他当事方向其主管税务机关办理纳税申报。申报时还应附送重组主导方经主管税务机关受理的“企业重组所得税特殊性税务处理报告表及附表”。

第三节　企业合并中的税务优化管理

合并是指一家或多家企业（以下称为被合并企业）将其全部资产和负债转让给另一家现存或新设企业（以下称为合并企业），被合并企业股东换取合并企业的股权或非股权支付，实现两个或两个以上企业的依法合并。不同企业合并的目的不同，有的企业合并的目的是优化资源配置，有的是为消灭竞争对手。实务中，企业也可能为了减少持股层级，而实施由子公司吸收合并母公司的反向吸收合并。[①]

合并过程中同样可能涉及缴纳相关税费。实施合并方案前，审慎评估合并过程中可能涉及的税费并设计适当的合并方案，有利于优化合并过程中的税费成本。本节将通过几个案例来解析企业合并中的税务管理和税务优化方案。

---

① 参见财税〔2009〕59 号文第一条的规定。

一、非关联方合并中的税务优化管理

案例 7-3：甲公司为一家拟上市股份有限公司，主要从事机器人研发和制造。乙公司为一家成立仅两年的创业公司，实缴注册资本为人民币 100 万元，与甲公司注册在同一区，主要从事工业领域机器人控制系统的研发。乙公司的主要资产为专利和办公设备等，无土地和房产等资产。

甲公司和乙公司为非关联方。为整合资源、实现优势互补，甲公司拟以人民币 1 亿元对价（20% 的现金加 80% 的增发股份）的方式吸收合并乙公司。其中，20% 的现金支付主要用于购买乙公司创始人 A 直接持有的乙公司 20% 股份。合并完成后，乙公司将注销。合并前乙公司的股权结构如图 7-2 所示：

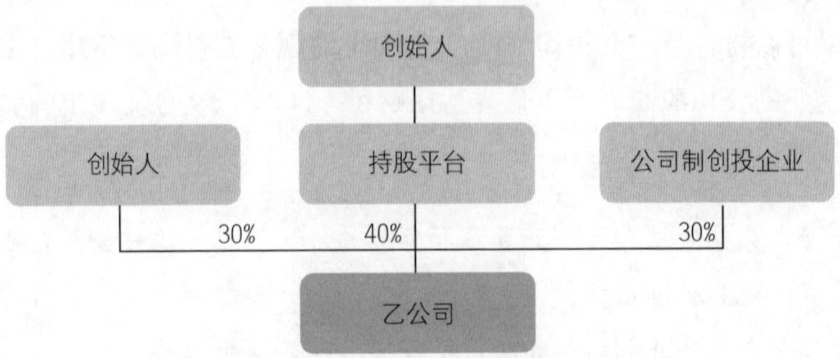

图 7-2　合并前乙公司的股权结构

问：上述合并交易可能涉及缴纳哪些税费？如何减少合并过程中的税务成本？

（一）合并交易可能涉及的税费

案例中的合并交易涉及缴纳企业所得税、个人所得税、印花税。

就增值税而言，纳税人在资产重组过程中，通过合并、分立、出售、置换等方式，将全部或者部分实物资产以及与其相关联的债权、负债和劳动力一并转让给其他单位和个人，不属于增值税的征税范围，不征收增值税。因此，案例中的吸收合并不涉及缴纳增值税。

从企业所得税角度来看，因股权支付比例低于85%，不能适用财税〔2009〕59号文规定的特殊性税务处理。

对于创始人股东转让直接持有的20%股份所取得的20%现金对价，创始人需要缴纳20%的个人所得税。

（二）税务优化方案

1．企业所得税优化

对于被合并企业的公司股东而言，即使整个交易不符合特殊重组的适用条件，如果希望降低交易当期的企业所得税，可以选择按非货币性资产投资，在不超过5年的期限内均匀计入相应年度的应纳税所得额，按规定计算缴纳企业所得税。

如果可以将合并方案稍作修改，将20%的现金支付降为不超过15%，则被并购企业的公司股东就可以选择适用财税〔2009〕59号文规定的如下特殊性税务处理：

- 合并企业接受被合并企业资产和负债的计税基础，以被合并企业的原有计税基础确定。
- 被合并企业合并前的相关所得税事项由合并企业承继。
- 可由合并企业弥补的被合并企业亏损的限额 = 被合并企业净资产公允价值 × 截至合并业务发生当年年末国家发行的最长期限的国债利率。
- 被合并企业股东取得合并企业股权的计税基础，以其原持有的被合并企业股权的计税基础确定。

2．个人所得税优化

对于乙公司创始股东直接持有的10%转让所取得的甲公司支付的股份支付对价，乙公司创始人可以选择按非货币性资产投资在不超过5年的期限内分期缴纳个人所得税。

与公司非货币性资产投资必须在不超过5年的期限内，均匀确认应纳税所得额不同，自然人实施非货币性资产投资应纳的个人所得税，自然人可以自由选择5年内缴税的进度。换句话说，自然人可以选择在5年即将届满时再一次性缴纳非货币性资产投资应纳的个人所得税。这相当于为自然人的非货币性资产投资规定了可以5年后递延纳税的优惠。

但个人在分期缴税期间转让其持有的全部或部分股权，并取得现金收入的，该现金收入应优先用于缴纳尚未缴清的税款。

二、关联方合并的目的及对税务管理的作用

关联方合并通常是为解决同业竞争、减少关联交易，也有一些合并是为优化管理、降低成本。另外，实务中也有一些子公司通过反向吸收母公司的方式来优化股权结构、减少持股层级。

（一）跨境合并能否适用特殊重组

案例7-4：甲公司是由香港A公司在广东中山设立的一家外商独资企业，主要从事电子元器件的制造和销售。由于招商引资，A公司在甲公司成立两年后在离甲公司不远的另一镇设立乙公司。甲公司和乙公司的产品和功能高度重合。为优化管理、降低生产和运营成本，A公司决定由甲公司吸收合并乙公司。

在吸收合并过程中，对于该合并交易能否适用特殊性税务处理存在争议。一种观点认为，该合并属于跨境交易，应根据财税〔2009〕59号文第七条的规定判断是否可以适用特殊性税务处理。因上述合并交易并不符合财税〔2009〕59号文第七条的适用情形，不能适用特殊性税务处理。

另一种观点认为，该合并属于同一控制下不需要支付对价的企业合并，应根据财税〔2009〕59号文第五条的规定判断是否符合特殊性税务处理条件。经与主管税务机关反复沟通，最终主管税务机关认可该交易适用特殊性税务处理。

（二）关联交易和转移定价税务风险管理和优化

案例 7-5：A 公司是一家在北京设立的外商独资的软件开发企业。为降低运营和人工成本、开拓市场，A 公司同时在西安、武汉、成都等高校较多的地方，设有同样从事软件开发业务的子公司。

集团的运营模式为，某个公司承接开发业务后，根据项目情况从不同公司调配合适的人员组成项目组共同进行软件开发。这导致不同公司之间存在大量的关联交易，每个公司每年都被税务机关要求准备同期资料本地文档。关联交易税务风险和管理成本上升。

经公司与笔者所在团队反复沟通，决定由其中一家公司吸收合并其他公司，将各地被吸收的公司变为分公司，从而减少关联交易、消除转让定价税务风险。在合并过程中，企业同样选择适用特殊性税务处理，从而避免合并过程中缴纳相关税收。

（三）通过合并减少持股层级

案例 7-6：2021 年 9 月 7 日，盘江股份（股票代码：600395）发布《关于贵州盘江投资控股（集团）有限公司吸收合并贵州盘江煤电集团有限责任公司的公告》。该吸收合并安排符合特殊重组适用条件。

根据公告披露的内容，为落实党中央、国务院，贵州省委、省政府及省国资委决策部署，根据《国企改革三年行动方案》《盘江煤电改革三年行动实施方案》有关要求，进一步深化压缩盘江煤电集团企业管理层级，盘江煤电拟实施盘江控股（为盘江煤电全资子公司）吸收合并盘江煤电。合并后原盘江煤电注销，盘江控股更名为“贵州盘江煤电集团有限责任公司”后继续存续，注册资本为 100 亿元人民币。合并前盘江煤电和盘江控股的资产、负债、业务、人员、合同、资质及其他一切权利与义务由存续公司承继、承接或享有，合并前盘江煤电和盘江控股的下属分支机构及下属企业股权或权益归属于存续公司。

合并前后盘江股份简化的控股结构如图 7-3 所示：

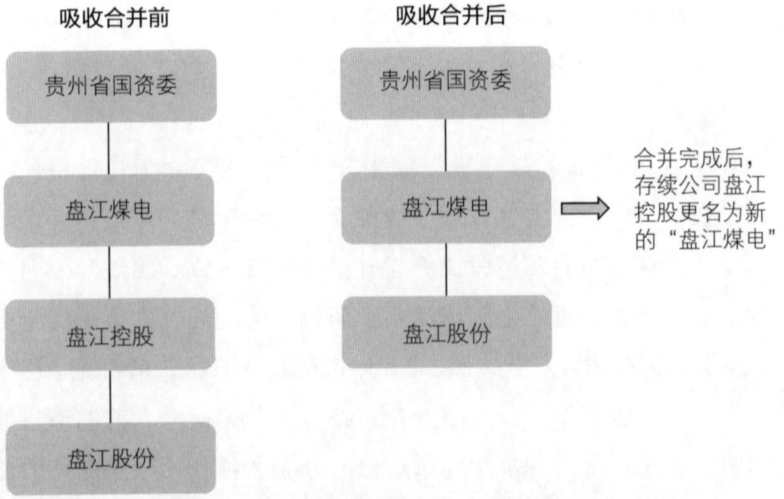

图 7-3　合并前后盘江股份简化的控股结构

第四节　企业分立中的税务优化管理

分立是指一家企业（以下称为被分立企业）将部分或全部资产分离转让给现存或新设的企业（以下称为分立企业），被分立企业股东换取分立企业的股权或非股权支付，实现企业的依法分立。① 分立可分为存续分立和新设分立。

通过分立，企业可以实现主辅分离、聚焦主业。实务中，一些重组最终选择采用分立方式或将分立作为整个重组方案中的一个环节的主要目的，是降低整个重组交易中的税务成本。本节主要通过几个上市公司或拟上市公司披露的公开案例来说明，企业如何优化分立过程中的税务管理或通过分立来优化重组过程中的税务成本。

一、长龄液压派生分立及相关税务处理

案例 7-7：2020 年，长龄液压股份有限公司（股票代码：605389）在

① 参见财税［2009］59 号文第一条的规定。

《首次公开发行股票招股说明书》（申报稿2020年9月1日报送）中披露了公司前身长龄机械制造有限公司（以下简称长龄机械）曾在2013年和2015年实施了两次派生分立（涉及厂房、设备、土地等分立至新设主体）。

2013年7月20日，长龄机械以派生分立的方式分立为长龄机械（原公司）与长龄物贸，分立前的债权债务由分立后的两个公司承继，并承担连带责任。分立后的各公司股东持股比例与分立前保持一致。2013年9月25日，长龄机械就上述分立事宜于无锡市江阴工商行政管理局办理了工商变更登记手续，并换发了企业法人营业执照。2015年3月13日，长龄机械以派生分立方式分立为长龄机械与江阴长龄自动化科技有限公司，分立前的债权债务由分立后的两个公司承继，并承担连带责任。分立后各公司股东的持股比例与分立前保持一致。2015年5月26日，长龄机械就上述分立事宜于江阴市市场监督管理局办理了工商变更登记手续，并换发了营业执照。

长龄机械两次分立涉及的税种及适用税收优惠的情况如下：

（一）企业所得税

根据财税〔2009〕59号文的规定，同时符合如下条件的企业分立，可以选择适用特殊性税务处理，见表7-4。

表7-4 企业分立可以选择适用特殊性税务处理的条件

序号	条件	具体规定
1	合理商业目的	具有合理的商业目的，且不以减少、免除或者推迟缴纳税款为主要目的
2	实质性交易	被收购、合并或分立部分的资产或股权比例不低于50%
3	主要为股权支付	重组交易对价中涉及股权支付金额不低于85%，且被分立企业股东在该企业分立发生时取得的股权支付金额不低于其交易支付总额的85%
4	经营的连续性	企业重组后的连续12个月内，分立企业和被分立企业均不改变原来的实质经营活动
5	权益的连续性	被分立企业所有股东按原持股比例取得分立企业的股权；企业重组中取得股权支付的原主要股东，在重组后连续12个月内，不得转让所取得的股权

特殊性税务处理的实质是分立时不缴纳企业所得税，待下次转让被分立资产时进行纳税。

长龄机械 2013 年和 2015 年的两次分立均符合特殊性税务处理的条件，分立时不涉及缴纳企业所得税。而且，长龄机械两次派生分立的时间间隔超过 1 年，第二次派生分立无论是否符合财税〔2009〕59 号文特殊重组的适用条件，均不影响第一次派生分立适用递延纳税的特殊性税务处理。

（二）增值税

纳税人通过合并、分立、出售、置换等方式，将全部或者部分实物资产以及与其相关联的债权、负债和劳动力一并转让给其他单位和个人，不属于增值税的征税范围，其中：涉及的货物转让，不征收增值税[①]；涉及的不动产、土地使用权转让行为，不征收增值税[②]。

因此，长龄机械的两次分立均不涉及增值税。

（三）土地增值税

根据两次分立时有效的土地增值税规定，企业分设为两个或两个以上与原企业投资主体相同的企业，对原企业将国有土地、房屋权属转移、变更到分立后的企业，暂不征收土地增值税（上述改制重组有关土地增值税政策不适用于房地产开发企业）。[③]

长龄机械不是房地产开发企业，企业分立不属于该征税范围，其中涉及的土地和房产转让无须缴纳土地增值税。

① 参见国家税务总局 2011 年发布的《关于纳税人资产重组有关增值税问题的公告》（国家税务总局公告 2011 年第 13 号）的规定。

② 参见财政部、国家税务总局 2016 年发布的《关于全面推开营业税改征增值税试点的通知》（财税［2016］36 号）附件 2《营业税改征增值税试点有关事项的规定》第一条第（二）款的规定。

③ 2013 年的分立适用财政部和国家税务总局 1995 年发布的《关于土地增值税一些具体问题规定的通知》（财税字［1995］48 号）第三条的规定，在企业兼并中，对被兼并企业将房地产转让到兼并企业中的，暂免征收土地增值税。2015 年的分立适用财政部和国家税务总局《关于企业改制重组有关土地增值税政策的通知》（财税［2015］5 号）第三条的规定。上述两个文件有关分立中的土地增值税规定，已被财政部和国家税务总局 2021 年发布的《关于继续实施企业改制重组有关土地增值税政策的公告》（财政部、税务总局公告 2021 年第 21 号）第三条的规定取代，但没有实质性的变化。

（四）契税

企业依照法律规定、合同约定，分设为两个或两个以上投资主体相同的企业，对派生方、新设方承受原企业土地、房屋权属，不征收契税。[①]

因此，在长龄机械分立过程中，分立企业取得长龄机械土地、房屋权属，不征收契税。

（五）个人所得税

在本次派生分立过程中，长龄机械股东夏继发、夏泽民亦不存在财产转让所得，无须缴纳个人所得税。

二、豪美新材土地转让中的税务优化安排

案例 7-8：豪美新材（股票代码：002988）于 2020 年 4 月 24 日发布公告，披露 2015 年按照清远市的整体规划，其全资子公司精美特材和全资孙公司科建装饰名下的两处土地性质由“工业用地”变更为“住宅”。公司拟将上述两块土地分别转让给实际控制人。

（一）直接转让土地涉及的主要税费

如果采用直接转让的方式处置土地，整体交易的税务成本较高：转让方涉及缴纳企业所得税、增值税及其附加税费、土地增值税、印花税，受让方需要缴纳契税和印花税。

① 2013 年的分立适用财政部和国家税务总局《关于企业事业单位改制重组契税政策的通知》（财税［2012］4 号）第三条的规定。该文件已被财政部 2016 年发布的《关于公布废止和失效的财政规章和规范性文件目录（第十二批）的决定》废止。2015 年的分立适用财政部和国家税务总局 2015 年发布的《关于进一步支持企业事业单位改制重组有关契税政策的通知》（财税［2015］37 号）。该文件已被财政部 2020 年发布的《关于公布废止和失效的财政规章和规范性文件目录（第十三批）的决定》全文废止。2021 年，财政部和国家税务总局发布的《关于继续执行企业事业单位改制重组有关契税政策的公告》（财政部　税务总局公告 2021 年第 17 号），延续了企业分立免征契税的规定。

（二）税务优化方案

为降低重组交易的成本，转让方最终选择采取派生分立方式将土地置入新设主体，再实施股权转让的方式进行土地处置。

1．具体的实施方案

2017 年 1 月，发行人全资子公司精美特材以账面价值为基础将上述土地及对发行人的负债分立至精美投资，分立后精美投资（持地主体）成为发行人的全资子公司。2017 年 8 月 1 日，发行人将其持有的精美投资 100% 的股权（对应 500 万元出资）以 2 777.14 万元的价格转让给清远市南金投资有限公司（实控人的全资子公司）。

2018 年 12 月，全资子公司贝克洛的全资子公司科建装饰以账面价值为基础将上述土地、附着建筑物及对发行人的负债分立至科建投资，分立后科建投资（持地主体）成为贝克洛的全资子公司。2019 年 1 月 26 日，贝克洛将其持有的科建投资 100% 的股权（对应 500 万元出资）以 5 547.70 万元的价格转让给泰禾投资（实际控制人控制的公司）。

2．税务优化效果

因分立后至分立企业转让股权的时间间隔不足一年，该分立不符合财税〔2009〕59 号文规定的企业所得税递延纳税特殊重组的条件。转让方选择按一般性税务处理，在分立当期确认相关的转让所得和损失。因此，在企业所得税处理方面，分立与直接的土地转让并无实质差异。

但与直接转让土地相比，分立环节和随后的股权转让环节均不涉及增值税及其附加、土地增值税和契税。

因此，采用分立 + 股权转让的方式能大大优化土地处置过程中的税费。

三、派生分立中自然人股东是否交税

案例 7-9：2022 年 5 月，江苏伟康洁婧医疗器械股份有限公司（以下简称“伟康医疗”），在回复深圳证券交易所《问询函》时，披露伟康医疗之全资子公司苏州伟康于2019年12月以派生分立的形式新设益傲（苏州）建材有限公司（曾用名为沭阳康得乐医疗器械有限公司、苏州伟康丽洁医疗器械有限公司）。[①]

本次派生分立的所得税纳税义务人为昊鹏实业、刘春良和宿迁宏建管理咨询合伙企业（有限合伙）。[②]

（一）昊鹏实业

本次派生分立不涉及非股权形式支付，发行人所有股东均按原持股比例取得分立企业江苏盛帆茗的股权，预期能够符合财税〔2009〕59号文特殊性税务处理条件。昊鹏实业拟选择特殊性税务处理。

（二）分立涉及的自然人股东和合伙企业自然人合伙人如何缴税

当前，相关个税法规并未就分立情形下自然人股东和合伙企业自然人合伙人如何缴税作出明确规定。根据披露，分立涉及的自然人股东刘春良和上海宏建合伙人未就发行人本次派生分立缴纳个人所得税。

在披露文件中，律师给出的理由主要如下：（1）《股权转让所得个人所得税管理办法（试行）》《国家税务总局关于个人终止投资经营收回款项征收个人所得税问题的公告》《国家税务总局关于个人非货币性资产投资有关个人所得税征管问题的公告》等目前生效的关于个人所得税的法规文件中，未明确将企业分立认定为股权转让、终止投资经营或非货币性资产投资等行为；（2）特殊性分立涉及的资产、负债均以原账面价值作为会计核算和计税的基础，个人股东不存在转让股权或资产所得，亦不存在终止投资经营的情形；（3）经律师查询，作为江苏省内参考案例，江苏长龄液压股份有限公司（股票代码：605389）曾于2013年和2015年进行了两次派生分立，均适用特殊性税务处理，个人股东在两次派生分立过程中不存在财产转让所得，均未缴纳个人所得税。

---

① 参见2022年5月国浩律师（杭州）事务所出具的《关于江苏伟康洁婧医疗器械股份有限公司首次公开发行股票并在创业板上市之补充法律意见书（一）》。

② 宿迁宏建于2022年1月更名为上海宏建君和管理咨询合伙企业（有限合伙），以下简称“上海宏建”。

而且，刘春良、上海宏建已出具承诺：“若国家税务总局发文明确分立中个人股东征税事项，或者主管税务机关要求分立中个人股东缴纳个人所得税的，本承诺人将按规定及时缴纳或扣缴相关个人所得税。”

第五节　企业债务重组中的税务优化管理

债务重组是指在债务人发生财务困难的情况下，债权人按照其与债务人达成的书面协议或者法院裁定书，就其债务人的债务作出让步的事项。

对于陷入困境的企业而言，债务重组或者通过破产重整方式进行债务重组，是困境企业获得重生的重要方式。根据债务重组的方式或债务偿还条件修改的不同，债务重组可分为以下几种类型：（1）以低于债务账面价值的现金清偿债务；（2）以非现金资产清偿全部或部分债务；（3）债转股；（4）修改其他偿债条件，如延长还款期限、降免利息等；（5）上述方式的结合。

现行税收法规对困境企业债务重组的税收优惠较少。有效管理和优化债务重组过程中的税负，对于困境企业的重生具有重要意义。

一、债转股是否需要缴纳所得税

（一）债务重组一般税务处理规则

根据规定，企业发生以非货币性资产清偿债务或债权转股权重组交易时，应按如下方式进行税务处理（见表 7-5）：

表 7-5　企业发生以非货币性资产清偿债务或债权转股权重组交易时的税务处理

交易定性及交易主体	具体税务处理规定
交易定性	• 以非货币性资产清偿债务，应当分解为转让相关非货币性资产、按非货币性资产公允价值清偿债务两项业务，确认相关资产的所得或损失 • 债转股，应当分解为债务清偿和股权投资两项业务，确认有关债务清偿所得或损失

（续表）

交易定性及交易主体	具体税务处理规定
债务人	•应当按照支付的债务清偿额低于债务计税基础的差额，确认债务重组所得 •相关所得税纳税事项原则上保持不变
债权人	•应当按照收到的债务清偿额低于债权计税基础的差额，确认债务重组损失

（二）千叶眼镜有关泰恒眼科 2019 年度债转股税务处理

案例 7-10：千叶眼镜（股票代码：873838）于 2022 年 6 月 8 日发布公告，披露收购标的泰恒眼科 2019 年曾实施债务重组，泰恒眼科作为债务人，两名股东以债转股方式，转增资本公积 1 235.96 万元。包括：（1）股东浙江华坤在泰恒眼科债权借款本息共计 8 179 752 元，浙江华坤同意其中 6 179 752 元以债转股的方式，转入泰恒眼科资本公积；（2）股东郑汉在泰恒眼科债权借款本息共计 8 343 000 元，郑汉同意其中 6 179 752 元以债转股的方式，转入泰恒眼科的资本公积。

公司称，按照现行有效所得税法律、法规以及财税〔2009〕59 号第四条第（二）款第 2 项中的相关政策规定：（1）在债务清偿业务中，债务人泰恒眼科不存在债务清偿所得，没有发生所得税上的纳税义务；（2）在股权投资业务中，由于债务人泰恒眼科是接受增资的一方，也没有发生所得税上的纳税义务。

而且，2021 年 12 月，千叶眼镜以现金收购泰恒眼科股东郑汉所持有的 60% 股权时，股东郑汉向主管税务机关提交了《个人股东变动情况报告表》，该报告表列示的“股权原值”中包含了本次债转股金额，并经主管税务机关审核确认。因而泰恒眼科债转股重组事项的税务处理符合税收政策以及主管税务机关的相关管理规定。

二、保力新债务重组收益 12.6 亿元适用 5 年递延纳税优惠

案例 7-11：财税〔2009〕59 号文第六条第一款规定：“企业债务重组确

认的应纳税所得额占该企业当年应纳税所得额 50% 以上，可以在 5 个纳税年度的期间内，均匀计入各年度的应纳税所得额。”

2022 年 4 月 27 日，保力新（股票代码：300116）在《2021 年年度财务报告》中披露，公司 2019 年因破产重整取得债务重组收益 126 063.24 万元。因破产重整确认的应纳税所得额占该企业当年应纳税所得额的 50% 以上，公司选择根据财税〔2009〕59 号文的规定，按 5 年分期计入应纳税所得额。

第八章

商业模式创新与节税空间扩展

08

第一节　网络货运行业的模式创新与税务突围

伴随着中国经济的持续增长和运输基础设施的不断完善，中国的物流业实现了迅猛发展。国家发改委和中国物流与采购联合会的数据显示，2021 年，全年社会物流总额达到 335.2 万亿元，再创新高。社会物流总额增速恢复至正常年份平均水平。[①]

移动互联网技术与货运物流行业深度融合，网络货运应运而生。自 2016 年起，智慧物流的飞速发展，使得物流资源整合更加高效。与此同时，营业税改征增值税（以下简称营改增）后交通运输业由原来缴纳 3% 的营业税改为缴纳 9% 的增值税，网络货运行业的增值税实际税负出现大幅上升。

为解决增值税税负过重和难以取得成本票的问题，网络货运行业不断探索可降低税负的模式创新。本节概述了网络货运行业如何通过模式创新来解决经营中的税务问题。

一、网络货运的概念

网络货运，又称无车承运，起源于美国的运输业经纪人制度。网络货运是移动互联网技术与货运物流行业深度融合的产物。网络货运经营者依托互联网平台整合配置运输资源，以承运人身份与托运人签订运输合同，委托实际承运人完成运输，承担承运人的责任进行道路货物运输经营活动。

① 孟圆，吴江，高帅 .2021 年物流运行情况分析及 2022 年展望 .[EB/OL].(2022-02-09).http://www.chinawuliu.com.cn/xsyj/202202/09/570357.shtml.

（一）网络货运平台类型

根据运联智库研究院的观点，网络货运平台区分为控货型、开放型、服务型三大类。控货型平台的特点是平台自身就是货主或货源的供给方，掌控着物流订单的分配权，代表企业有京东物流、苏宁物流等。开放型平台既不是货主，也不是运力供应商，而是专注于货主与运力之间的有效匹配，如满帮、福佑卡车、拉货宝、滴滴集运等。服务型平台的特点是多业务线并行，盈利模式除车货匹配外，主要来自为客户提供 SaaS 支持、申办资质、税务合规、金融、油卡、ETC 等多种物流服务，包括中交兴路、路歌、货达、物润船联等。①

典型的网络货运业务模式如图 8-1 所示：

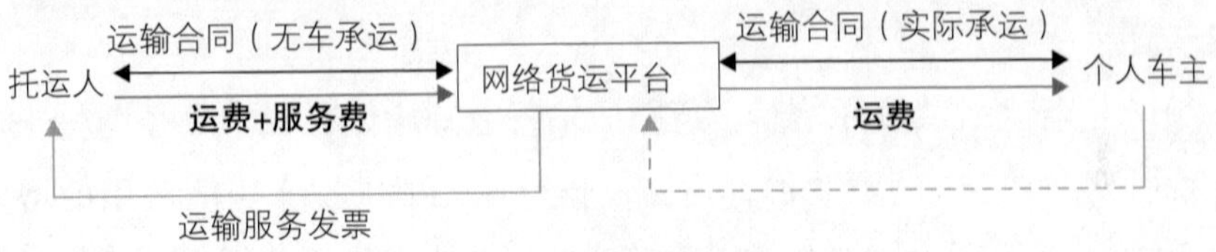

图 8-1　网络货运业务模式

（二）网络货运平台对传统运输方式的改造

网络货运经营者依托移动互联网等技术，解决了货主和社会零散运力之间的信息不对称问题，有效提升了运输组织效率。

交通运输部官网 2019 年 9 月 10 日发布的《网络平台道路货物运输经营管理暂行办法》权威解读指出，推进网络货运发展，“是贯彻落实党中央、国务院决策部署，促进平台经济规范健康发展的新举措”，“是深化供给侧结构性改革、促进物流降本增效的新办法”，“是促进行业转型升级高质量发展的新路径”。

（三）网络货运平台盈利模式

网络货运平台主要的利润来源于收取货主端的运费和支付实际承运人运

① 刘子成．起底网络货运平台三大类型及其代表企业．[EB/OL].(2020.3.11).https://www.sohu.com/a/379351411_170557.

费之间的差价。除此之外，一些网络货运平台也通过为司机提供其他增值服务的方式收费。

二、网络货运经营者面临的主要税务问题

网络货运经营者面临的税务问题主要有两类：难以取得增值税进项发票导致增值税税负增加；向实际承运人支付的运费采用白条入账存在税务风险。

（一）营改增后网络货运经营者增值税税负大幅增加

在营业税时期，道路运输业按 3% 的税率缴纳营业税。经批准从事道路运输业务的企业，可按扣除给其他分包方的运输费用后的差额作为营业税的缴纳基数。

2012 年营改增试点开始后，道路运输行业的增值税税率几经调整。相比营业税时期缴纳 3% 的营业税，道路运输行业一般纳税人当前适用的增值税税率为 9%，名义税率大幅上升。尽管如此，改为缴纳增值税后，道路运输行业一般纳税人也获得了进项抵扣的权利。如果交通运输业一般纳税人能获取充足的进项发票，营改增并不必然导致交通运输业纳税人的增值税税负上升。

但对网络货运企业而言，其自身并不采购或仅拥有很少的自购车辆，全部或绝大多数的实际运输业务是委托个体司机完成。在网络货运业务中，运输车辆通常是归司机个人所有，网络货运企业不能抵扣车辆采购环节的增值税。在传统运输模式下，委托方或货主与司机结算的运费包含了运输过程中的油费和过桥费等。但个体司机并不能或不愿意给委托方开具增值税专用发票，网络货运模式企业也无法获取与运费相关的增值税进项税额。这导致营改增后，网络货运企业一般纳税人的增值税实际税负大幅上升 40% 左右。

（二）向实际承运人支付的运费难以取得成本发票

因运输行业竞争激烈，作为实际承运人的个体司机收取的运费一直相对较低。网络货运业务中，网络货运企业难以从实际承运人获取运费发票的主

要原因在于：（1）个体司机缺乏开票的意愿，不愿意承担开票过程中可能涉及的税费；（2）个体司机缺乏开票的知识和经验。

如果网络货运企业向实际承运人支付运费，但不能取得合法有效发票作为入账凭证，存在被税务机关进行所得税调整的风险。

三、税负驱动下的网络货运行业模式创新

与传统运输模式相比，网络货运经营者不仅提升了运输效率，还解决了传统运输模式下货主无法从个体司机处取得合法有效的运输发票的问题。

但网络货运企业仍然需要解决自身所面临的税务问题。货运行业从业人员众多，网络货运企业面临难以从个体运输户获取进项发票的困难。为此，网络货运企业需要不断进行模式调整和创新，并与监管机构保持良性沟通。经过行业的努力，网络货运行业的一些模式创新也获得了税务机关的认可，一定程度上促进了行业的发展。下文概述了网络货运企业为降低税负实施的 3 种模式创新。

模式创新一：自购油品给司机使用

如果网络货运企业自购油品提供给司机用于运输，网络货运企业一方面可以从油品销售方获得油品采购对应的增值税进项发票，降低增值税税负，另一方面也解决了该部分费用的成本发票问题。

实际操作中，网络货运企业通过与油品销售单位（如中石油、中石化等）签订油品采购协议，油品销售单位根据网络货运企业提供的个体司机信息向司机发放油卡，油品销售单位根据油卡的实际消费按月或按一定期限给网络货运企业开具发票。

2017 年，国家税务总局发布的《关于跨境应税行为免税备案等增值税问题的公告》（国家税务总局公告 2017 年第 30 号），确认了上述模式的合法性。根据该公告第二条的规定，网络货运企业自行采购并交给实际承运人使用的成品油，取得的符合规定的增值税发票可以用于抵扣增值税进项税额。

模式创新二：通行费由司机支付改为由网络货运企业支付

实际承运人运输过程中必然发生道路、桥、闸等通行费。在传统运输模式下，委托方与个体司机多采用现金结算运费，且运费包含了运输过程中的油耗以及通行费等所有费用，但个体司机不能或不愿意给委托人开具发票。

网络货运企业为降低税费成本，改变传统的运费结算模式，将通行费等从运费中剥离，尽可能要求司机通过“票根网”或相应小程序向网络货运企业开具通行费电子票据，从而取得相应发票用于增值税进项税额抵扣，并作为企业所得税的成本入账凭证。

模式创新三：网络货运企业代个体司机开具发票

为解决作为实际承运人的个体司机开票难的问题，经过行业的不断努力，国家税务总局允许符合条件的网络货运企业为个体司机代开增值税专用发票，并办理相关涉税事宜。

2017 年，国家税务总局在允许货运司机异地向税务机关申请代开增值税专用发票的基础上，结合交通运输部无车承运人试点，下发了《国家税务总局关于开展互联网物流平台企业代开增值税专用发票试点工作的通知》(税总函〔2017〕579 号)，经省级税务机关批准，对货运司机通过纳入交通运输部无车承运人试点的物流平台承揽的业务，允许物流平台为其代开增值税专用发票。

2019 年 9 月，交通运输部会同国家税务总局发布《网络平台道路货物运输经营管理暂行办法》(交运规〔2019〕12 号，以下简称《办法》)。从 2020 年 1 月 1 日起，物流平台企业可按照《办法》规定要求，申请经营范围为“网络货运”的道路运输经营许可，依法依规从事网络货运经营。同时，无车承运人试点工作于 2019 年 12 月 31 日结束。为继续给货运司机提供开票便利，国家税务总局在原税总函〔2017〕579 号文的基础上下发《关于开展网络平台道路货物运输企业代开增值税专用发票试点工作的通知》(税总函〔2019〕405 号)，明确指出开展网络平台道路货物运输企业代开增值税专用发票试点工作，继续允许符合条件的平台企业为会员代开增值税专用发票，并代办涉税事项。

第二节 白酒企业消费税规划的“功守道”

作为具有社交属性的消费品，白酒在中国历史悠久，消费群体庞大。但过度饮酒不仅对身体有害，还容易诱发刑事犯罪、交通事故等其他社会问题。为一定程度上调节白酒消费，中国自1994年开始对白酒征收消费税。

消费税在白酒企业缴纳的税费总额中占有比较大的比重，达到35%左右。[①] 如何通过合理的商业安排降低企业的消费税税负，对提升白酒企业的市场竞争力和利润水平具有重要作用。

一、白酒企业如何缴纳消费税

（一）消费税征收范围及环节

消费税是国家在对货物普遍征收增值税的基础上，选择特定消费品为课税对象所征收的一种税，属于流转税的范畴。

除了筹集财政收入，开征消费税的主要目的是调节产品结构，引导消费方向。因此，消费税征税项目具有选择性。从当前开征消费税的15个税目来看，征收消费税的商品总体可分为3类:（1）对人体可能有害的商品，如烟、酒;（2）污染或破坏环境的商品，如鞭炮和焰火、成品油、木制一次性筷子、实木地板、电池等;（3）奢侈品，如游艇、高档轿车、贵重首饰及珠宝玉石等。

除个别商品外，消费税通常在生产、委托加工、批发、零售、进口等环节选择单一环节征收。

消费税实行从价定率、从量定额，或者从价定率和从量定额相结合的复合计税方式计算应纳税额。

（二）白酒行业的消费税

根据现行消费税制度，中国选择在生产环节对白酒征收消费税，对之后

① 王彬旭．贵州茅台纳税筹划及风险控制研究[J]. 经营与管理,2021(09):20-26.DOI:10.16517/j.cnki.cn12-1034/f.2021.09.003.

的批发、零售等环节不再征收。白酒消费税采取从量和从价计征相结合的复合计税方式。计算公式如下：

白酒生产企业应纳消费税税额＝销售额 ×20% ＋销售数量 × 定额税率（0.5 元 /500 克）

对白酒企业而言，影响消费税税负较大的主要是从价税。

二、白酒企业商业模式创新

为降低消费税税负，白酒企业在经营中不断尝试调整自身的商业模式。以下介绍 3 种白酒企业常见的消费税优化方案。

（一）自建销售公司

如上所述，白酒消费税只在生产销售单一环节征收。如果白酒生产企业以较高的价格销售给经销商，将需要缴纳更多的消费税。

为降低消费税税负，白酒生产企业通常选择先将生产的白酒以较低的价格卖给关联的销售公司（如设立销售子公司），再由关联销售公司对外销售，从而减少从价消费税。

（二）将包装、运输等费用从售价中剥离

包装物在白酒的成本中占有比较大的比重。根据现行消费税制度，包装物和白酒一同销售的，包装物应并入销售额计征消费税。

如果白酒生产企业先以裸瓶的价格将产品卖给销售子公司，再由子公司包装后出售，就可以有效规避包装物部分对应的消费税。

运输费等也可以采用类似的方式处理。关联销售子公司采购时运费由销售子公司直接支付给运输企业，或由生产企业先行垫付并将运输发票转交子公司，从而规避运费部分对应的消费税。

（三）"网红产品"茅台冰激凌背后的消费税启示

白酒消费税采用复合计税方式，且从价计税率为 20%，税率较高。但对除啤酒和黄酒以外的其他酒而言，消费税按 10% 的税率从价计征，税率相对白酒而言低一半。

一些白酒企业选择在保持原有白酒业务主导地位的同时，适当丰富产品结构。比如，有些企业推出了面向青少年消费群体的饮料酒或针对中老年消费群体的保健酒等。茅台集团甚至推出"网红产品"茅台冰激凌。

白酒企业开发新的酒类品种或其他产品，不仅有助于培育新的消费增长点，还可以达到节省消费税的目的。

三、消费税规划误区

一些企业认为，委托加工的应税消费品，受托方已代收代缴消费税，委托方直接出售无须重复缴纳消费税。

上述观点是对白酒消费税规定的误解。《中华人民共和国消费税暂行条例实施细则》（财政部　国家税务总局第 51 号令）第七条第二款规定："委托加工的应税消费品直接出售的，不再缴纳消费税。"但财政部和国家税务总局在《关于〈中华人民共和国消费税暂行条例实施细则〉有关条款解释的通知》（财法〔2012〕8 号）中，对何谓"直接出售"加以明确说明。根据财法〔2012〕8 号文，"委托方将收回的应税消费品，以不高于受托方的计税价格出售的，为直接出售，不再缴纳消费税；委托方以高于受托方的计税价格出售的，不属于直接出售，需按照规定申报缴纳消费税，在计税时准予扣除受托方已代收代缴的消费税"。

因此，委托方如果将加工收回的白酒以高于受托方的计税价格出售的，仍需要就增值部分缴纳消费税。

四、税务机关为何限制生产企业卖给销售单位的价格

为应对白酒生产企业通过关联交易规避消费税的问题，国家税务总局早在2002年就出台了《关于酒类产品消费税政策问题的通知》（国税发〔2002〕109号），允许税务机关核定企业的消费税应纳税额。

此后，国家税务总局也多次发文提出加强白酒企业的消费税管理。2009年，国家税务总局发布《关于加强白酒消费税征收管理的通知》（国税函〔2009〕380号）。2017年，国家税务总局发布《关于进一步加强白酒消费税征收管理工作的通知》（税总函〔2017〕144号）。

根据现行政策，白酒生产企业销售给销售单位的白酒，生产企业消费税计税价格低于销售单位对外销售价格（不含增值税，下同）70%以下的，税务机关应按销售单位对外销售价格的60%核定白酒最低计税价格。白酒生产企业设立多级销售单位销售的白酒，税务机关应按照最终一级销售单位对外销售价格核定生产企业消费税最低计税价格。

第三节　4.6亿元分红安排的税务猜想

一、公司概况

A公司是一家化工企业，主要从事草甘膦原药及制剂、化工产品的研发、生产和销售，以及所在园区集中供热等业务。

（一）两次挂牌

2015年7月8日，A公司在全国中小企业股份转让系统挂牌。2018年3月，经公司主动申请和全国股转公司同意，公司终止挂牌。2022年7月，A公司再次在新三板挂牌。

（二）持股结构

根据招股说明书，发行股票后 A 公司的持股结构如图 8-2 所示：

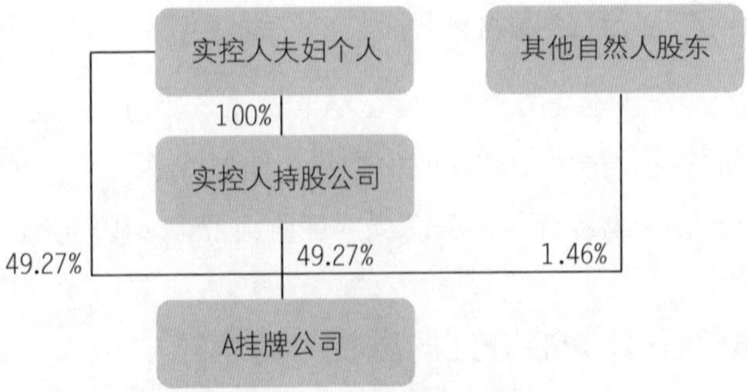

图 8-2　A 公司的持股结构

（三）财务状况

根据 A 公司 2022 年 8 月 16 日披露的 2022 年半年度报告，截至 2022 年 6 月 30 日，A 公司合并报表归属于母公司的未分配利润为 950 894 727.82 元，母公司未分配利润为 949 123 129.67 元。

二、4.6 亿元分红如何缴税

（一）分红决议

A 公司刚刚挂牌一个多月，便作出了 4.6 亿元的分红决议。

2022 年 8 月 16 日，A 公司发布《2022 年半年度权益分派预案公告（更正后）》，公司目前总股本为 76 110 000 股，拟以权益分派实施时股权登记日应分配股数为基数，以未分配利润向全体股东每 10 股派发现金红利 60.60 元（含税）。本次权益分派共预计派发现金红利 461 226 600.00 元，如股权登记日应分配股数与目前预计不一致，公司将维持分派总额不变，并相应调整分派比例，后续将发布公告说明调整后的分派比例。实际分派结果以中国证券登记结算有限公司核算的结果为准。

2022 年 8 月 31 日，A 公司召开临时股东大会并审议通过《2022 年半年度权益分派预案的议案》。

（二）4.6 亿元分红的缴税依据

有关 4.6 亿元分红涉及的税务问题，A 公司披露，上述权益分派所涉个税依据《关于继续实施全国中小企业股份转让系统挂牌公司股息红利差别化个人所得税政策的公告》（财政部　税务总局　证监会公告 2019 年第 78 号）执行。

三、挂牌前分红和挂牌后分红的缴税有何差异

如果 A 公司在挂牌前分红，自然人股东（包括实控人夫妇）直接持有 A 公司股份对应的分红需要缴纳 20% 的个人所得税，而实控人夫妇持股公司对于收到的 A 公司分红无须缴纳任何的所得税。但如果持股公司再向实控人夫妇个人分红时，实控人夫妇仍需要缴纳 20% 的个人所得税。

如果 A 公司在挂牌后分红，公司股东的税收政策不变。但自然人股东（包括实控人夫妇），可以根据财政部、税务总局、证监会公告 2019 年第 78 号文的如下规定享受股息、红利个人所得税差别化征税政策，见表 8-1。

表 8-1　股息、红利个人所得税差别化征税政策

持股时间	股息红利个税优惠
持股时间≤ 1 个月	20%
1 个月＜持股时间≤ 1 年	10%
持股时间＞ 1 年	免

对于实控人而言，挂牌后分红可以少缴 20% 的个人所得税。

四、分红是否具有合理商业目的

（一）公司新三板挂牌能实现哪些商业利益

公司在新三板挂牌，虽然能给企业带来一些商业利益和好处，但企业也需要承担挂牌所带来的不利因素。表 8-2 概述了公司在新三板挂牌的优劣势：

表 8-2 公司在新三板挂牌的优劣势

优势	劣势
·拓宽融资渠道、便利融资 ·完善公司治理 ·提升股份流动性，发现公司市场价值，实现股东利益最大化 ·提供转板通道 ·提高企业知名度和品牌价值	·成本增加 ·需要进行信息披露，面临更严格的监管

（二）4.6 亿元分红是商业安排的结果还是唯一目的

虽然 A 公司在挂牌后一个多月就进行大额分红的时机选择让人产生了避税的联想，但没有证据表明，A 公司在新三板挂牌的唯一目的或主要目的就是避税。

这是一个商业模式创新和节税结合的典型案例。笔者认为，4.6 亿元分红的安排，具有合理的商业目的。

第四节 用工方式选择与节税空间再造

一、用工方式及法律责任

“21 世纪什么最贵？人才！”电影《天下无贼》里的这句经典台词，虽有戏谑的成分，但也真实反映出人工成本是企业经营成本的重要组成部分。

雇佣制所形成的传统劳动用工方式，长久以来都是企业主流的用工方式。伴随着社会经济发展、法律环境变化以及劳动观念的转变，企业用工方式呈现多种模式共存的局面。除了劳动关系用工，企业的常见用工方式还有劳务派遣、业务与服务外包，以及近年流行的互联网平台共享用工（或称灵活用工）。

不同的用工方式各有利弊。如何根据企业自身的情况和实际需要选择适当的用工方式，在合规的前提下最大程度节约用工成本，是实际用工企业关心的首要问题。

（一）劳动关系用工

中国现行法规并未对何谓“劳动关系”作出明确的定义或界定。原劳动和社会保障部发布的《关于确立劳动关系有关事项的通知》(劳社部发〔2005〕12号)，是有关劳动关系确认的主要参考依据。

当前理论界和司法裁判中，主要是通过对“从属性”进行实质性和综合性判断来确定劳动者与用人单位之间是否构成劳动关系。“从属性”通常包括人格从属性（接受实际用工单位的管理、监督和指挥)、组织从属性（属于用人单位的一员而非从事独立的业务或经营活动)、经济从属性（劳动是继续性而非一次性的、报酬长期基本稳定）3个维度。

雇佣制用工的优势，是企业可以实现对劳动者的直接管理和指挥，员工稳定性好，归属感强。但该用工方式的缺点是企业用工成本较高。

（二）劳务派遣用工

劳务派遣员工是指劳务派遣公司为了满足用工单位对于各类灵活用工的需求，将员工派遣至用工单位，接受用工单位管理并为其工作服务。

与劳动关系用工不同，相关劳动法规对实际用工单位使用劳务派遣用工的岗位和人员比例施加了限制。用工单位只能在临时性、辅助性或者替代性的工作岗位上使用被派遣劳动者。而且，用工单位使用的被派遣劳动者数量不得超过其用工总量的10%。

（三）业务与服务外包

业务与服务外包是指用工单位将自身的部分或全部工作外包给一个外包单位或个人来完成。

在外包模式下，发包方通常不对劳动者进行管理，而主要是通过发包合同来约定业务与服务承接方交付工作成功的质量、标准、期限和特殊要求等，并支付承接方相应的服务费。

（四）互联网平台灵活用工

近年来，依托互联网平台就业的网约车司机、外卖配送员、快递员、直播主播及家政等灵活就业人员大幅增加，也催生了大量专业的互联网灵活用工平台（或称“互联网共享用工平台”），如云账户、好活、用友薪福社等。

中国现行的劳动法规并未对何谓“互联网平台共享用工”或“互联网平台灵活用工”作出清晰的界定。理论界和实务界对此也没有统一的命名。根据互联网灵活用工平台与实际用工企业和劳动者之间法律关系和合作模式的不同，互联网灵活用工平台存在多种服务业态。①

本节所讲的互联网平台灵活用工，是指互联网灵活用工平台在承接实际用工企业全部或部分外包业务后，通过将业务分包给在平台注册的会员（包括自然人个人和在平台注册的个体工商户）的方式，来完成所承接业务的用工模式。

互联网平台灵活用工具有如下优势：（1）降低用工成本；（2）充分发挥互联网共享经济、普惠经济优势，一定程度上有利于解决新就业人群的就业问题；（3）一定程度上化解了灵活用工企业税收抵扣痛点。

表 8-3 简要总结了常见的几种用工方式的主要特点和适用场景：

表 8-3　常见的几种用工方式的主要特点和适用场景

用工方式	法律关系	适用岗位 / 业务
劳动关系	两方主体：劳动者与用人单位	所有岗位
劳务派遣	三方主体：劳动者、实际用人单位、劳务派遣公司	临时性、辅助性、替代性岗位
业务与服务外包	三方主体：劳动者、外包服务公司、发包单位	将自身的部分或全部工作外包给一个外包单位或服务机构来完成
互联网平台共享用工或灵活用工	劳动者、用工单位、互联网平台三方关系	所有灵活用工场景下的用工

① 陈兵．灵活用工综合服务新业态发展面临的法律风险及对策探析 [J]. 上海大学学报（社会科学版）,2022,39(03):17-37.

二、劳动关系用工对用工企业的税务影响

在劳动关系用工模式下，用工单位的用工成本较高。用工单位不仅需要为劳动者支付工资和薪酬福利，还需要缴纳社保和住房公积金等。同时，在现行劳动保护制度下，当劳动者与雇佣单位发生劳动纠纷时，劳动者可获得更多的劳动保护。

劳动者从用工企业取得的工资、薪金所得，适用的是3%～45%的7级累进税率。伴随着员工工资的上涨，员工工资的适用税率会相应提高。同时，用工企业在向劳动者支付工资时需要代扣代缴员工应纳的个人所得税。

三、劳务派遣用工对用工企业的税务影响

如中国人民大学劳动关系研究所所长常凯教授所言，劳务派遣从本质上说是将用人单位与劳动者之间的直接雇佣关系转化为间接雇佣关系。按此逻辑，相比劳动关系用工，劳务派遣用工方式并不会使实际用工单位节省用工成本，相反还需要额外支付劳务派遣单位管理费。

但劳务派遣用工方式的优势在于：（1）能使实际用工单位更好地聚焦主业和核心人员的管理；（2）通过劳务派遣，一定程度上转移了与劳务派遣用工相关的劳动者的相关风险；（3）通过差异化的薪酬制度，一定程度上节约了用工成本；（4）获得一定的税收利益。

劳务派遣用工企业收入确认和开票模式的不同，对实际用工企业和开票企业会产生不同的税务影响。

（一）劳务派遣的增值税处理[①]

用人单位采取直接用工模式聘用劳动者时，向劳动者支付的工资、薪金并不能取得增值税进项发票。而且，当员工数量较多时，用人单位也要付出更多的管理成本。

---

① 李晓光．企业劳务派遣用工的财税处理探析[J]．注册税务师，2021(01):63-65.

对实际用工单位而言，采用劳务派遣用工方式，虽然需要向劳务派遣单位支付管理费，但却节省了自身的管理成本，降低了自身的用工风险，同时还能从劳务派遣单位获得全部或部分增值税进项发票，有利于降低增值税税负。

根据现行增值税制度，纳税人提供劳务派遣方服务，既可以全额开票，也可以差额开票。对用工企业而言，如果劳务派遣单位全额开票，用工企业就可以获得不含税开票额全额的6%（小规模纳税人为3%）的增值税进项抵扣，有利于降低增值税税负。如果劳务派遣单位差额开票，用工单位只能对差额部分的不含税开票额的5%进行进项抵扣。

劳务派遣单位采用不同计税方式的差异见表8-4。

表8-4 劳务派遣单位采用不同计税方式的差异

纳税人类型	计税方式	税率/征收率	销售额/计税基础
一般纳税人	一般计税	6%	取得的全部价款和价外费用
	差额计税	5%	取得的全部价款和价外费用，扣除代用工单位支付给劳务派遣员工的工资、福利和为其办理社会保险及住房公积金后的余额
小规模纳税人	简易计税	3%	取得的全部价款和价外费用
	差额计税	5%	取得的全部价款和价外费用，扣除代用工单位支付给劳务派遣员工的工资、福利和为其办理社会保险及住房公积金后的余额

（二）劳务派遣的所得税处理

在劳务派遣用工模式下，实际用工单位与劳务派遣单位有关劳动者的工资发放有两种不同的方式：（1）实际用工单位直接支付给劳动者；（2）劳务派遣公司支付给劳动者。

不同的工资发放方式对实际用工企业的税务影响不同。《国家税务总局关于企业工资薪金和职工福利费等支出税前扣除问题的公告》（国家税务总局公告 2015 年第 34 号）第三条规定：“企业接受外部劳务派遣用工所实际发生的费用，应分两种情况按规定在税前扣除：按照协议（合同）约定直接支付给劳务派遣公司的费用，应作为劳务费支出；直接支付给员工个人的费用，应作为工资薪金支出和职工福利费支出。其中属于工资薪金支出的费用，准予计入企业工资薪金总额的基数，作为计算其他各项相关费用扣除的依据。”

根据国家税务总局公告 2015 年第 34 号文，如果采取第一种工资计算方式，支付给劳动者的工资可以计入工资总额，并作为计算职工福利费、工会经费、职工教育经费等的税前扣除限额基数，有利于增加上述费用的税前扣除额度。在第二种工资结算方式下，实际用工单位凭劳务派遣单位开具的发票进行税前扣除，但劳务派遣单位支付给劳动者的工资薪金不能计入实际用工单位的工资薪金总额。

因此，从企业所得税角度来看，实际用工单位直接向劳动者发放工资，对实际用工单位而言更为有利。

四、业务与服务外包对用工企业的税务影响

与劳动关系用工不同，外包模式下发包方和业务与服务承接方是平等的民事主体关系。业务外包模式下，如果业务与服务的承接方是个人，会面临以下税务方面的问题。

（一）个人劳动者的收入定性问题

1. 劳务报酬所得和经营所得的界定

由于立法技术的原因，外包模式下个人劳动者从业务发包方取得的收入，属于劳务报酬所得还是经营所得，在很多时候存在争议。

现行个税法规有关劳务报酬和经营所得的税目划分存在重叠。表 8-5 为《中华人民共和国个人所得税法实施条例》（国令第 707 号，以下简称《个人所得税法实施条例》）第六条对税目划分的规定。

表 8-5 《个人所得税法实施条例》第六条对税目划分的规定

劳务报酬所得	经营所得
劳务报酬所得，是指个人从事劳务取得的所得，包括从事设计、装潢、安装、制图、化验、测试、医疗、法律、会计、咨询、讲学、翻译、审稿、书画、雕刻、影视、录音、录像、演出、表演、广告、展览、技术服务、介绍服务、经纪服务、代办服务以及其他劳务取得的所得（26 项 + 其他）	• 个体工商户从事生产、经营活动取得的所得，个人独资企业投资人、合伙企业的个人合伙人来源于境内注册的个人独资企业、合伙企业生产、经营的所得 • 个人依法从事办学、医疗、咨询以及其他有偿服务活动取得的所得 • 个人对企业、事业单位承包经营、承租经营以及转包、转租取得的所得 • 个人从事其他生产、经营活动取得的所得

什么是"生产、经营活动"？也许每个人都会有自己不同的理解。但在税法上如何准确界定，却并不是一件容易的事。简言之，如果"生产、经营活动"这个概念是明确的，"经营所得"这个概念也就是明确的，争议也就无从产生。《个人所得税法实施条例》这个规定的缺陷在于，用概念本体解释概念本体，这个规则简化一下就是："经营所得"是"从事生产、经营活动取得的所得"。这种转圈规则，并不能为我们辨别税目提供有效的工具，但却明确地告诉我们，未经行政注册登记的自然人也有可能从事生产、经营活动，从而取得经营所得。所以，未经注册登记的自然人提供劳务取得的所得，到底是不是经营所得，《个人所得税法实施条例》为大家预留出了广阔的争议空间。①

2．收入界定争议带来的税务问题

如果将个人劳动者取得的收入界定为劳务报酬所得，该所得需要并入综合所得，适用 3% ～ 45% 的超额累进税率。

如果将个人劳动者取得的收入界定为经营所得，个人适用 5% ～ 35% 的超额累进税率。实务中，对于未成立实体的自然人的生产经营所得通常采用"核定应税所得率"或者"核定征收率"来计算应纳所得税额。

① 明税研究中心 . 令人纠结的"个人经营所得".[EB/OL].(2020-10-22).https://baijiahao.baidu.com/s?id=1681247014307802636&wfr=spider&for=pc.

（二）个人发票开具及发包方的税前扣除问题

无论是劳务报酬所得还是经营所得，均需要缴纳增值税。[①] 对于增值税应税项目，业务与服务发包方通常需要承包方提供增值税发票作为税前抵扣凭证。而个人开具发票时，通常需要缴纳与该笔收入相关的增值税及其附加、个人所得税等，可能减少个人的税后收入，实务中个人承包方往往缺乏开票意愿。如果个人承包方的相关税收由发包方承担，又会增加发包方的实际成本。

在传统业务与服务外包模式下，发包方企业难以取得个人劳动者开具的发票作为税前抵扣凭证，是常见的风险之一。

五、利用互联网平台灵活用工模式进行税务优化

（一）灵活用工模式下个人劳动者取得的收入性质界定

个人所得税法有关工资、薪金所得的界定，是基于劳动法对劳动关系的界定。我国现行劳动法对用工责任的划分通常基于劳动者和雇主之间是否具有“劳动关系”的二分模式。因此，如果个人和雇主之间具有劳动关系，则个人取得的所得就属于个人所得税法的工资、薪金所得，适用 3% ～ 45% 的超额累进税率。如果个人和雇主之间没有成立劳动关系，则双方构成劳务关系，个人取得的所得属于个人所得税法中的劳务报酬所得或经营所得。

然而，灵活用工的出现对唯“劳动关系”判断标准产生了极大挑战，其灵活性在工作时长、工资标准、合同解除等主要用工责任认定因素上得到体现。即便各方签署的用工协议为“合作协议”，但实际劳务提供者的人身行为受到了灵活用工综合服务企业的大数据算法监控，变相受制于用工方的劳动算法管理，实质上丧失了劳动自主权与选择权。[②]

---

① 未达增值税起征点或适用增值税优惠的，不涉及缴纳增值税。根据《中华人民共和国增值税暂行条例实施细则》第三十七条的规定，增值税起征点的适用范围限于个人。增值税起征点的幅度规定如下：（一）销售货物的，为月销售额 5 000 ～ 20 000 元；（二）销售应税劳务的，为月销售额 5 000 ～ 20 000 元；（三）按次纳税的，为每次（日）销售额 300 ～ 500 元。

② 陈兵．灵活用工综合服务新业态发展面临的法律风险及对策探析 [J]. 上海大学学报（社会科学版）,2022,39(03):17-37.

虽然个别判决认定劳动者与类似“滴滴”的平台企业之间存在劳动关系，但大部分案件并未作如此认定。

（二）互联网平台灵活用工的税务优势

互联网平台灵活用工近年快速发展的一个重要原因，是其在便利劳动者个人的市场主体登记和个税办理的同时，有效化解了实际用工企业难以取得发票的问题。表 8-6 概述了互联网灵活用工平台企业如何解决上述问题。

表 8-6　互联网灵活用工平台企业解决方案

方式	互联网灵活用工平台的具体服务
成立个体工商户	• 引导和协助劳动者个人注册成立个体工商户。平台通过在线收集、认证劳动者个人提供的注册登记资料和信息来便利个体工商户的注册登记 • 将网络登记为经营场所。根据 2021 年 3 月 15 日公布的《网络交易监督管理办法》第九条，“仅通过网络开展经营活动的平台内经营者申请登记为个体工商户的，可以将网络经营场所登记为经营场所” • 协助提供日常报税、开票、财务记账、社保缴纳等工作
不成立个体工商户	• 代开发票。互联网灵活用工平台通过线上收集和认证的个人身份信息，在代表劳动者个人向税务局申请代开发票时，直接以经营者的身份开具发票并交税 • 代收代缴税款。互联网灵活用工平台与税务局签订委托代征协议、获取委托代征代缴税款资质，以便于劳动者个人的税款缴纳和发票开具

互联网灵活用工平台广受市场追捧的另一个重要原因，是通过利用一些地方对个体工商户或自然人个人经营所得的核定征收（核定征收率或应税所得率）大大降低了个人的经营所得税负。根据深圳市、河南省、湖北省、山东省等地的核定政策，月收入 15 万元以下个人所得税核定征收率（按月）仅为 0% ～ 2%。

实际用工企业利用互联网平台灵活用工模式，可以有效降低用工成本。实际用工企业将业务外包给互联网灵活用工平台，可从灵活用工平台处取得 6% 的增值税发票。相比直接用工，实际用工企业增加了 6% 的进项抵扣，降低了用工风险。互联网灵活用工平台以劳务分包形式与作为市场经营主体的劳动者合作，利用核定征收政策降低劳动者的个税税负。实务中，为避免不成立个体户时产生的劳动者个人所得的定性争议及互联网灵活用工平台潜在的扣缴责任，笔者建议，互联网平台灵活用工企业应优先选择与成立个体户的劳动者合作。

第三篇

跨境交易
税务优化与反避税

第九章

09

跨境交易的税务优化管理

跨境投资涉及外资企业投资中国和中国企业走出去两个层面。

2020 年初以来，受新型冠状病毒肺炎疫情冲击、地缘政治冲突等影响，部分跨国企业开始收缩战线和海外投资，但外资对华投资仍持续增长。中国消费市场数字化、品质化、品牌化的趋势，持续吸引外商投资中国市场。根据商务部数据统计，2021 年实际使用外资首次突破万亿元大关。2022 年上半年，全国实际使用外资金额 7 233.1 亿元，按可比口径同比增长 17.4%，折合 1 123.5 亿美元，增长 21.8%。[①]

近年来，虽然贸易保护主义和逆全球化风潮有所抬头，但中国始终坚持改革开放和全球化的发展战略。伴随着中国经济的增长和国内企业综合实力的不断提升，以及“一带一路”倡议的实施，越来越多的中国企业开始走出国门，积极寻求投资海外市场。同时，由于技术和资源瓶颈等的制约，以及国内原料和劳动力成本的上升，中国企业也加快了海外扩张的步伐。总体而言，中国企业还普遍缺乏海外投资的经验，在投资海外过程中面临着各种复杂的风险和挑战。

相比在本国投资，跨境投资企业面临更大的政治、法律和商业等方面的风险。从税收角度而言，跨境投资企业需要综合考虑不同的投资架构、利润获取方式、关联交易安排、投资退出方式等商业安排的税务影响。跨境投资企业采用适当的投资架构和交易安排，能有效降低跨境投资的税收成本，使股东的最终回报最大化。

---

① 经济日报.外资对中国经济前景依然看好.[EB/OL].（2022-07-30）.http://www.gov.cn/xinwen/2022-07/30/content_5703568.htm.

第一节　投资架构选择与税务优化管理

一、如何选择合适的投资架构

与境内持股架构类似，投资架构分为直接投资架构和间接投资架构两类。根据中间控股公司的层级划分，间接投资架构又分为单层、双层和多层架构。

投资者选择间接投资架构的原因各不相同。希望隐藏相关投资身份或信息的投资人，往往选择多层投资架构。有些投资者选择间接投资架构，是为了将中间控股公司作为对外投资平台，规避国内的外汇管制。对于多元化经营或投资目的地众多的跨国公司而言，按业务类型或地区设立单层或多层中间控股公司，是为了便于集团对相关业务的管理。利用中间控股公司和投资目的国之间的税收协定优惠，也是投资人选择间接投资架构的重要原因之一。

二、利用间接投资架构实施税务规划

案例 9-1：A 公司是一家总部位于美国的跨国企业。2021 年初，A 公司拟在中国投资建设一家新能源企业。

（一）直接投资的税务影响

如果 A 公司直接作为股东在中国投资设立全资控股的外商独资企业 C，C 公司将来向 A 公司分配股息、红利时，A 公司需要就从 C 公司取得的股息、红利所得在中国缴纳 10% 的企业所得税（又称“预提所得税”）。

同时，A 公司取得的该笔股息、红利所得需要按照美国税法的规定在美国缴纳所得税。

（二）间接投资架构税务优化案例

为降低和递延直接投资模式下 A 公司取得 C 公司分红的所得税，A 公司可以采用如下间接投资模式进行税务优化：A 公司先在中国香港设立控股公司

B，然后由香港公司在中国内地投资设立外商独资企业 C。

根据《内地和香港特别行政区关于对所得避免双重征税和防止偷漏税的安排》（以下简称《税收安排》）第十条的规定，如果收款人是股息受益所有人，则所征税款不应超过股息总额的 5%。换句话而言，在 B 公司满足“受益所有人”条件的情况下，B 公司收到的 C 公司的股息、红利所得只需要在内地缴纳 5% 的预提所得税。

同时，B 公司收到该股息、红利分红无须在香港缴纳任何的税收。B 公司将该利润分配给 A 公司时，A 公司无须在香港缴纳任何的所得税。也就是说，在中国香港设立 B 公司作为中间控股公司的间接投资模式，不仅不会增加 A 公司的投资负担，还将预提所得税税率由 10% 降为 5%。

而且，如果 B 公司在收到 C 公司分红后不对 A 公司进行利润分配，假定未触发美国税法的 CFC（Controlled Foreign Corporation）规则，A 公司将可以无限期推迟该笔潜在分红在美国的潜在纳税义务。

三、境外个人投资中国的税务优化案例

（一）香港个人内地投资节税架构

案例 9-2：根据中国内地的税法，香港个人比照外籍人员进行税务处理。香港个人来内地投资，同样有直接投资和间接投资两种模式。

如果香港个人是通过在香港设立的中间控股公司间接投资中国内地，内地公司支付给香港公司的股息、红利所得满足条件的同样可以适用 5% 的《税收安排》优惠税率，且香港公司后续再将利润分配给香港个人股东时不涉及缴纳个人所得税。那是不是香港个人选择间接投资的模式更为有利呢？

事实并非绝对如此。这是因为，在中国当前的税务实践中，很多地方仍对外籍个人来源于中国的股息、红利所得免征个人所得税。《财政部　国家税务总局关于个人所得税若干政策问题的通知》（财税字〔1994〕20 号）曾有规定，外籍个人从外商投资企业取得的股息、红利所得暂免征收个人所得税。《国务院批转发展改革委等部门关于深化收入分配制度改革若干意见的通知》

（国发〔2013〕6号）取消了上述优惠，但根据财政部和国家税务总局2018年12月29日发布的《关于继续有效的个人所得税优惠政策目录的公告》（财政部 税务总局公告2018年第177号）的规定，财税字〔1994〕20号文仍然有效。实务中，很多地方如安徽、重庆等地，仍在执行上述优惠。

假定上述优惠仍在很长一段时间内有效，对于拟在执行上述优惠的地方设立外商投资企业的香港个人股东而言，采用直接持股架构从税收角度而言更为有利。

（二）外籍个人投资中国税务优化架构

案例9-3： 香港个人比照外籍人员进行税务处理，香港个人在内地投资采用直接持股架构，税务上更为有利。按照同样的逻辑，是不是外籍个人作为股东投资中国内地，同样应选择直接投资模式呢？答案是：不一定！

此时，可能有读者脑中会闪过无数个问号。税务规则不是魔术，但确实有点烧脑。稍有不慎或考虑不周，就可能差之毫厘，谬以千里。

与香港个人不同，对于外籍个人所在国属于对居民全球范围内的所得征税的国家（如美国、加拿大等），即使中国对外籍个人的股息、红利所得免税，该所得仍可能需要按照其居民国的税法规定在本国缴税。中国的免税政策并不能使其受益。

如果该外籍人士采用间接持股架构，且中间控股公司所在地（如中国香港）满足税收协定的优惠税率适用条件时，中间控股公司从中国内地公司取得的股息、红利所得可适用5%的优惠税率。并且，如果中间控股公司不向外籍个人进行利润分配，该外籍个人就可以递延缴纳该部分收入在其居民国的个人所得税。此种情形下，外籍个人股东采用间接持股模式可能对其更为有利。

第二节　投资回报的税务优化管理

除了通过分红的方式获取投资回报，股东还可以通过向被投资公司收取利息、租金、特许权使用费的方式，或者通过货物、服务贸易的方式，从被投资公司获取收益。

不同投资回报获取方式的税务负担不同。合理选择和适用适当的投资回报获取方式，有利于优化投资者的整体税负。

一、关联借款的税务优化管理

案例 9-4：甲公司是一家在香港注册成立的有限公司，属香港税收居民。甲公司不符合内地和香港税收协定有关“受益所有人”的条件。

甲公司拟投资相当于人民币 2 亿元在中国内地设立一家外商独资电子元器件生产企业乙。有如下两种投资方案：方案一，甲公司将 2 亿元人民币全部作为注册资本投入乙企业；方案二，甲公司将其中 1 亿元作为注册资本投入乙公司，剩余 1 亿元以借款的方式借给乙公司，每年收取年化 5% 的借款利息。假定乙公司投资后每年可获得人民币 1 000 万元的息税前利润。

从税收角度而言，上述哪种方案对甲公司而言更为有利?

（一）两种投资方案的税务比较

根据方案一，2 亿元人民币将全部作为注册资本投资乙公司。乙公司对取得的 1 000 万元人民币的利润，首先需要在乙公司层面缴纳 25% 的企业所得税。假定乙公司将剩余 750 万元的利润全部用于分配，该股息、红利支出并不能在乙公司的企业所得税税前扣除。同时，由于不满足“受益所有人”条件，甲公司需要对从乙公司取得的 750 万元的股息、红利所得，在中国缴纳 10% 的预提所得税。甲公司和乙公司就 1 000 万元的利润累计缴纳的所得税为 325 万元（250+75）。

根据方案二，乙公司每年需要向甲公司支付 500 万元的利息。与股息、红利分配不同，企业真实发生的利息支出，通常可以在企业所得税税前扣除。因此，乙公司的税前利润为人民币 500 万元。同时，甲公司对乙公司支付的 500 万元利息所得需要在中国缴纳 10% 的预提所得税和 6.72% 的增值税。计算过程见表 9-1。

表 9-1　方案二的税费计算

	序号	
乙公司息税前利润	A	1 000 万
乙公司向甲公司支付利息	B	500 万
乙公司税前利润	C	500 万（A–B）
乙公司企业所得税	D	125 万（C×25%）
乙公司税后利润	E	375 万（C–D）
甲公司利息增值税及其附加	F	31.7 万（B÷1.06×6.72%）
甲公司利息所得预提所得税	G	47.17 万（B÷1.06×10%）
甲公司股息所得预提所得税	H	37.5 万（E×10%）
甲公司 + 乙公司整体缴纳税额	I	241.37 万（D+F+G+H）

对甲公司而言，同样 2 亿元的投资和 1 000 万元的息税前利润，方案一的税务成本为 325 万元，而方案二的税务成本为 241.37 万元。

因此，从投资回报获取方式而言，采取利息的方式获取投资回报的税务成本更低、税后收益更高。

（二）关联借款税前扣除限制

对于从境外关联方取得借款的境内企业而言，如果发生的利息支出不能税前扣除，将在实质上提高境内融资方的借款利率。根据我国《企业所得税法》的要求，企业之间的关联交易应符合独立交易原则。如果企业与其关联方之间的业务往来，不符合独立交易原则而减少了企业或者其关联方应纳税收入或者所得额的，税务机关有权按照合理方法调整。

为防止企业通过境内外的关联借款方式侵蚀中国的所得税税基，企业所得税法对企业支付给关联方的利息支出的扣除从以下几个方面作出了相应限制：

1．不超过金融企业同期同类贷款利息

《企业所得税法实施条例》规定，非金融企业向非金融企业借款的利息支出，不超过按照金融企业同期同类贷款利率计算数额的部分，准予税前扣除。在具体操作过程中，根据《国家税务总局关于企业所得税若干问题的公告》（国家税务总局公告 2011 年第 34 号）第一条的规定，企业在按照合同要求首次支付利息并进行税前扣除时，应提供“金融企业的同期同类贷款利率情况说明”，以证明其利息支出的合理性。其中，“金融企业的同期同类贷款利率情况说明”应包括签订该借款合同时，本省任何一家金融企业（应为经政府有关部门批准成立的可以从事贷款业务的企业，包括银行、财务公司、信托公司等金融机构）提供同期同类贷款利率情况。“同期同类贷款利率”是指在贷款期限、贷款金额、贷款担保以及企业信誉等条件基本相同的情况下，金融企业提供贷款的利率。其既可以是金融企业公布的同期同类平均利率，也可以是金融企业对某些企业提供的实际贷款利率。

2．反资本弱化规则

企业资本是由权益资本和债务资本构成的。债务融资利息可以在税前作为费用扣除，而权益融资的股息收益不可以税前扣除。企业及其投资者为了最大化自身利益或其他目的，在融资和投资方式的选择上，往往倾向于降低股本的比重，提高贷款的比重，从而构成“资本弱化”。对此，《企业所得税法》引入了反资本弱化条款，规定“企业从其关联方接受的债权性投资与权益性投资的比例超过标准而发生的利息支出，不得在税前扣除”。在具体标准的确定上，根据《财政部　国家税务总局关于企业关联方利息支出税前扣除标准有关税收政策问题的通知》（财税〔2008〕121 号）的规定，企业接受关联方债权性投资与权益性投资的比例为：金融企业 5 ∶ 1，其他企业 2 ∶ 1。其后，《特别纳税调整实施办法（试行）》（国税发〔2009〕2 号）对关联借款的利息扣除作了进一步的限制规定。根据国税发〔2009〕2 号文，不得在计算

应纳税所得额时扣除的利息支出＝年度实际支付的全部关联方利息 ×（1－标准比例 ÷ 关联债资比例），公式中标准比例是指财税〔2008〕121 号文规定的比例，关联债资比例是指企业从其全部关联方接受的债权性投资占其接受的权益性投资的比例，其中关联债权投资包括关联方以各种形式提供担保的债权性投资。对于关联债资比例超过标准比例的利息支出，企业如果要在计算应纳税所得额时扣除，应按税务机关要求提供相关同期资料，以证明关联债权投资金额、利率、期限、融资条件以及债资比例等均符合独立交易原则。

二、通过关联交易向低税率地企业转移利润

各国税制的差异及国际间的税收竞争，为跨国企业通过关联交易向低税率地企业转移利润提供了便利，也是跨国企业常见的税务安排。下文案例概述了跨国企业如何通过关联交易进行节税安排。

（一）案情回顾

案例 9-5：A 公司是一家从事软件产品研发、生产、销售的跨国企业，在全球 100 多个国家设有分支机构。A 企业在菲律宾设有集团支持中心 B，为集团内的企业提供 IT（Information Technology）系统支持、集团统一财务支持、人员招聘等服务。B 公司注册于菲律宾的经济特区，缴纳 5% 的综合所得税。

C 公司是 A 公司在中国境内设立的生产企业，适用的企业所得税税率为 25%。

（二）转移定价如何实现节税安排

假定 C 公司采购 B 公司提供的服务，需要每年支付 200 万元的服务费。如果 B 公司因为与 C 公司属于同一集团而不向 C 公司收取任何的服务费，则 C 公司节省的 200 万元支出就转换为 C 公司的利润，C 公司为此需要缴纳 50 万元（200 × 25%）的企业所得税。

假定 C 公司按市场公允价格向 B 公司支付 200 万元的服务费，B 公司需

要就该笔服务费在中国缴纳 6.72% 的增值税及附加，但不涉及缴纳中国的预提所得税。同时，B 公司收到该笔所得需要在菲律宾缴纳 5% 的综合所得税。B 公司将利润汇出菲律宾时也不需要缴纳任何的税收。显然，从集团整体税务角度而言，选择由 B 公司向 C 公司收取服务费的方式，税务成本更低。

上述分析表明，跨国公司通过关联交易向低税率地区企业转移利润可以实现节税目的。

（三）转移定价税务安排的注意事项

如果 B 公司向 C 公司收取的服务费定价不公允、价格过高（比如市场价格为 200 万元，但按 500 万元收取），将面临税务机关的反避税调整风险。

《企业所得税法》第四十一条规定："企业与其关联方之间的业务往来，不符合独立交易原则而减少企业或者其关联方应纳税收入或者所得额的，税务机关有权按照合理方法调整。"

如果税务机关实施反避税调整，超过公允价格的对外支付将不允许在 C 公司的企业所得税税前扣除，C 公司需要补缴相应的税款。

三、利用再投资税收优惠递延纳税

（一）案情回顾

案例 9-6：A 公司是一家在中国香港注册的有限公司。B 公司是 A 公司在中国内地设立的独资企业。截至 2021 年 12 月 31 日，B 公司的累计未分配利润为人民币 1 亿元。

2022 年初，A 公司拟以人民币 5 000 万元的对价从非关联方甲公司收购其持有的乙公司 30% 的股份。但 A 公司账上的现金仅够维持 A 公司 1 年的日常运营。

（二）收购资金来源及税务优化

A 公司可以通过向金融机构或第三方借款的方式筹集并购资金。但通过借款方式融资需要支付借款利息，无疑增加了融资成本。

除此之外，A 公司也可以通过 B 公司分红的方式获取并购资金。通常情况下，B 公司向 A 公司支付股息、红利时，A 公司需要就分得的股息、红利所得在中国内地缴纳 10% 或 5% 的预提所得税。但如果 A 公司从 B 公司取得的股息是用于在中国境内的再投资（包括从非关联的第三方收购股权），该股息所得可暂免缴纳预提所得税。该优惠政策出台的目的是鼓励境外投资者在华投资。

2018 年 9 月，财政部等四部委发布了《关于扩大境外投资者以分配利润直接投资暂不征收预提所得税政策适用范围的通知》（财税〔2018〕102 号）。根据财税〔2018〕102 号文第一条的规定，境外投资者从中国境内居民企业分配的利润，用于境内直接投资暂不征收预提所得税。该政策适用于所有非禁止类外商投资的项目和领域。境外投资者以分得利润进行的直接投资，包括境外投资者以分得利润进行的增资、新建、股权收购等权益性投资行为，但不包括新增、转增、收购上市公司股份（符合条件的战略投资除外）。境外投资者用于直接投资的利润以现金形式支付的，相关款项应从利润分配企业的账户直接转入被投资企业或股权转让方账户，在直接投资前不得在境内外其他账户周转。

值得注意的是，境外投资者通过股权转让、回购、清算等方式实际收回享受暂不征收预提所得税政策待遇的直接投资，在实际收取相应款项后 7 日内，应按规定程序向税务部门申报补缴递延的税款。境外投资者享受暂不征收预提所得税政策待遇后，被投资企业发生重组，符合特殊性重组条件，并实际按照特殊性重组进行税务处理的，可继续享受暂不征收预提所得税政策待遇。

通过分红获取并购资金，一方面解决了 A 公司并购资金来源和资金成本的问题，另一方面也能享受股息、红利分配的递延纳税优惠。

第三节　退出方案选择与税务优化

一、控股架构与退出方案选择

通过设立中间控股公司搭建间接持股架构，是跨境投资者的常见投资策略。间接控股投资架构，一方面可使投资者利用中间控股公司所在地与投资目的地国的税收协定优惠税率，另一方面也为投资者未来投资退出预留了更多的灵活性。

（一）直接转让中国公司股权

直接持股模式下，境外投资方转让中国境内标的公司股权时通常需要缴纳 10% 的预提所得税。

一些税收协定对符合条件的股权转让规定了优惠税率。例如，据《内地和香港特别行政区关于对所得避免双重征税和防止偷漏税的安排》（以下简称《税收安排》）第十三条第五款规定，“除第四款外，一方居民转让其在另一方居民公司资本中的股份或其他权利取得的收益，如果该收益人在转让行为前的 12 个月内，曾经直接或间接参与该公司至少 25% 的资本，可以在该另一方征税”。

根据上述规定，如果境外投资方在转让中国境内公司股权前的 12 个月内持有标的公司股权的比例低于 25%，该股权转让行为可根据《税收安排》的规定免征中国的预提所得税。

（二）间接持股模式下不同退出方式的税务影响

案例 9-7：A 公司是一家总部位于法国的跨国企业。B 公司是 A 公司在中国香港设立的中间控股公司，C 公司是 B 公司在中国内地 100% 投资设立的独资企业。该架构属于典型的间接控股架构，如图 9-1 所示。

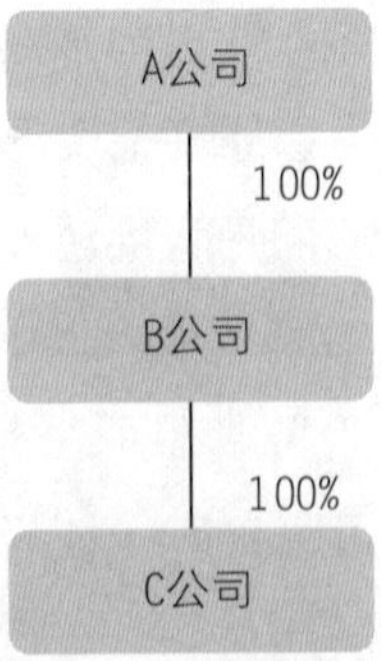

图 9-1 间接控股架构

1．间接持股模式下投资者的退出方式

间接持股模式下，A 公司退出在中国境内的投资有两种方式：(1) B 公司将其持有的 C 公司股权转让给受让方；(2) A 公司通过在香港转让 B 公司股权的方式间接退出在 C 公司的投资。

B 公司转让 C 公司股权，属于境外投资方直接转让中国公司股权，需要缴纳 10% 的预提所得税。

2．间接转让中国公司股权是否需要在中国缴税

如果 A 公司选择通过在中国香港转让 B 公司股权的方式间接退出在中国的投资，是不是就可以规避直接转让模式下潜在的预提所得税纳税义务呢？

在 2008 年新的《企业所得税法》生效之前的确可以规避。为了能利用税收协定的优惠税率和规避退出时潜在的预提所得税，2008 年之前外国投资者进入中国几乎都选择间接持股的方式投资中国。

为防止外国投资者滥用间接持股架构规避中国的预提所得税，国家税务总局于 2009 年 12 月 15 日发布了《关于加强非居民企业股权转让所得企业所得税管理的通知》(国税函〔2009〕698 号)。国税函〔2009〕698 号文首次要求，境外投资方（实际控制方）间接转让中国居民企业股权，如果被转让股权的企业的境外控股公司所在国（地区）实际税负低于 12.5% 或者对其居民境外所得不征所得税的，应自股权转让合同签订之日起 30 日内，向被转让股权的中国居民企业所在地主管税务机关披露交易信息和进行纳税申报（如产生所得）。2015 年，国家税务总局在总结国税函〔2009〕698 号文执行经验基础上，发布了《关于非居民企业间接转让财产企业所得税若干问题的公告》（国家税务总局公告 2015 年第 7 号，以下简称“7 号公告”）。和国税函〔2009〕698 号文相比，“7 号公告”赋予了税务机关更大范围的征税权，将原来仅对非居民间接转让中国公司股权所得征税，扩大到了对非居民间接转让中国所有应税财产的所得征税。

二、中国台湾籍个人股东退出的税务规划

（一）案情回顾

案例 9-8：A 公司是一家位于浙江的上市公司，主要从事精密金属零部件的研发、制造和销售。B 公司是 A 公司在重庆设立的子公司，A 公司持有 B 公司 70% 的股份，中国台湾籍自然人唐某出资 281 万元人民币持有 B 公司 30% 的股份。截至 2020 年 10 月 30 日，B 公司未分配利润总额为人民币 2 745.59 万元，公司净资产为人民币 4 100 万元。

A 公司拟以人民币 1 281 万元的价格收购自然人唐某持有的 B 公司 30% 的股份，将 B 公司变为 A 公司的全资子公司。如果采用直接收购的方式，自然人唐某需要就转让所得 1 000 万元（1 281−281）缴纳 20% 的个人所得税，即人民币 200 万元。

（二）优化方案

为合理降低唐某股权转让环节的个人所得税，双方同意采用如下税务分步实施方案：步骤一，B 公司按各股东持股比例进行分红 2 600 万元。其中，向 A 公司分配 1 820 万元，向唐某分配 780 万元；步骤二，在步骤一完成后，A 公司收购唐某的对价由 1 281 万元调整为 501 万元。

根据现行的个人所得税法，唐某作为中国台湾籍自然人，比照外籍个人进行税务管理。根据财政部和国家税务总局《关于个人所得税若干政策问题的通知》（财税字〔1994〕20 号）等有关规定，唐某按照步骤一从 B 公司取

得的 780 万元的股息、红利所得，免征收个人所得税。根据步骤二，唐某按 501 万元的对价转让 B 公司 30% 的股份，只需要就 220 万元（501−281）的转让所得缴纳 44 万元的个人所得税。

相比于不分红的直接转让方式，唐某按上述分步实施方案可以节税 156 万元，节税比例接近 80%。

第四节 “走出去”企业税务优化管理

一、“走出去”企业税务优化管理概述

“走出去”企业面临更为复杂和严峻的商业环境。很多“走出去”企业由于缺乏跨境投资的相关经验，又不愿聘请专业机构进行前期的调研和事先规划，从而导致巨额的税收损失甚至亏损。

通常来讲，“走出去”企业需要重点关注如下 5 个方面的税务问题：中国的对外投资税收政策，中间控股公司设立地点的选择、层级及税收政策，投资目的地的税收政策，可利用的相关税收协定，相关国家的反避税税制。

搭建合理的投资架构，再加上对税收优惠和税收协定的灵活运用，有利于降低企业的整体税负，增强“走出去”企业的国际竞争力。

二、中国企业投资美国的税务架构

案例 9-9： 全球化时代，中美在经贸领域既相互合作，又相互竞争。作为全球第一大经济体，美国不仅是全球最大的消费市场，在众多科技领域也处于全球领先地位。

中国企业对外投资时，通常将香港特别行政区作为第一站和中间控股公司设立地。香港得天独厚的优势，使其成为中西交流的枢纽和中国对外投资的桥头堡：地理上与内地比邻，语言和文化上与内地一脉相承，但在法律制

度上实行的却是英美法系。

对赴美投资的中资企业而言，直接在美国设立子公司和通过中国香港中间控股公司设立子公司有何不同、如何选择呢？

（一）“中国内地—中国香港—美国”和“中国—美国”架构的税务比较

中国香港实行的是单纯的来源地征税制度，仅对来源于中国香港的所得征税且不征收资本利得税。因此，中国香港作为中间控股公司设立地，通常并不会因股息分配流经中国香港中间控股公司而增加税务成本。

但因中国香港和美国之间并没有税收协定，在“中国内地—中国香港—美国”架构下，美国公司分配给中国香港公司的股息需要在美国缴纳 30% 的预提所得税。

而在“中国—美国”架构下，根据中美税收协定，美国公司分配给中国母公司的股息仅需在美国缴纳 10% 的预提所得税。

因此，从税务角度而言，“中国—美国”的直接投资模式，要比“中国内地—中国香港—美国”的间接投资模式更为有利。

（二）方案优化：“中国内地—中国香港—荷兰—美国”结构

如果采用“中国内地—中国香港—荷兰—美国”的结构，即在中国香港和美国中间插入荷兰公司作为第二层控股公司，则可将美国公司分配股息、红利时的预提所得税税率降为零。同时，荷兰公司收到股息和再将股息支付给中国香港公司时，在荷兰无须缴纳任何的所得税。中国香港公司收到股息时无须在香港缴纳任何的所得税。有关上述架构的节税效果如图 9-2 所示。

对于有海外投资需求的中资企业而言，将海外利润累积在中国香港，一方面可以递延缴纳将利润分回内地时潜在的企业所得税，另一方面也可以避免将海外利润调回内地再投资时繁琐的境外投资审批手续。

“中国内地—中国香港—荷兰—美国”架构的规划有效性，主要是利用了荷兰税法的如下优惠：

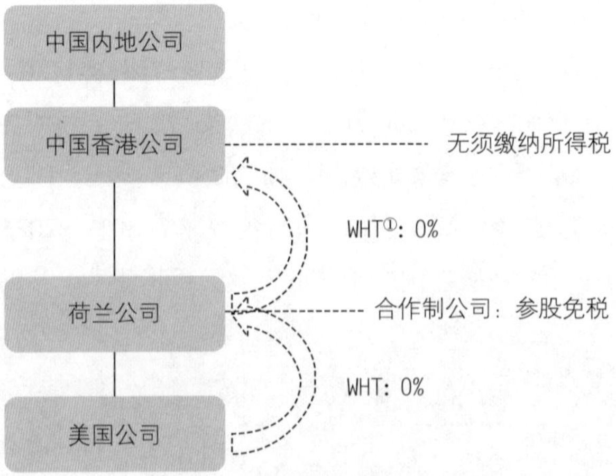

图 9-2　架构的节税效果

1．荷兰和美国税收协定有关股息、红利所得的优惠

根据荷兰和美国的税收协定，假如接收股息分配的公司持有分配股息、红利的公司 80% 以上的具有投票权的股份，股息所得将在分配一方国家免征预提所得税。

2．荷兰参股免税

根据荷兰税法有关参股免税规定，符合参股免税条件时，荷兰公司从境外子公司收到的股息、红利所得无须缴纳任何的所得税。

参股免税条件为：持股 5% 以上，通过税法测试（收入至少 10% 为经营性收入）和资产测试（子公司的资产 50% 以上用于经营活动）。

3．合作制公司优惠

根据荷兰税法，合作制公司的利润分配无须在荷兰缴纳股息预提税。

三、境外所得抵免与跨境投资架构

案例 9-10：A 公司是一家境内注册的居民企业，适用 25% 的企业所得

① WHT：Withholding Tax，预提所得税。

税税率，其在境外的投资架构如图 9-3 所示。

F_2 公司所在国适用的企业所得税税率为 20%，该公司 2021 年度实现盈利 1 000 万美元，在所在国缴纳 200 万美元的所得税；F_3 公司所在国适用的所得税税率为 20%，2021 年度该公司经营亏损为 290 万美元，F_1 公司所在国所得税税率为 30%；G_1 公司所在国适用的所得税税率为 30%，2021 年度该公司实现盈利 1 000 万美元，在所在国缴纳 300 万美元的所得税。

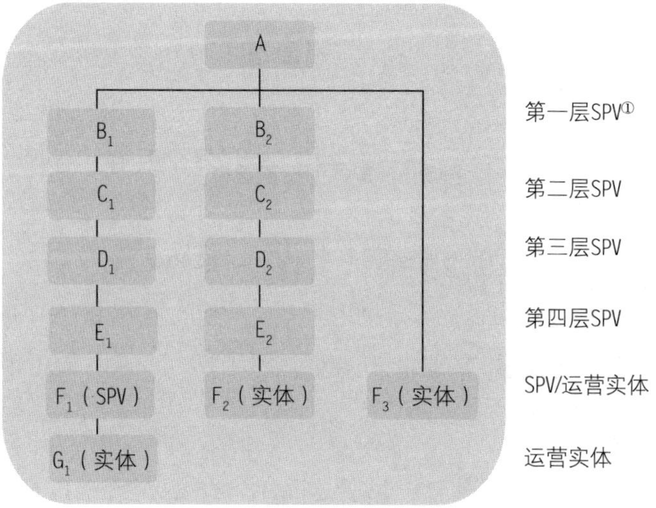

图 9-3　A 公司境外投资架构

假定中间层控股公司（$B_{1、2}$ 至 $E_{1、2}$）不征收所得税，且利润全部分配。A 公司在同一年度收到境外运营实体的分红时，是否需要在中国补缴企业所得税？

（一）境外所得税收抵免制度概述

为支持企业海外投资、避免重复征税，中国的所得税法设立了境外所得税收抵免制度。

居民企业可以就其取得的境外所得直接缴纳和间接负担的境外企业所得税性质的税额进行限额抵免。居民企业境外投资收益间接负担的税额，是根

① SPV：Special Purpose Vehicle，特殊目的载体。

据直接或者间接持股方式合计持股20%以上的规定层级的外国企业股份，由此应分得的股息、红利等权益性投资收益中，从最低一层外国企业起逐层计算的属于由上一层企业负担的税额。

2017年12月，财政部和国家税务总局发布了《关于完善企业境外所得税收抵免政策问题的通知》（财税〔2017〕84号）。财税〔2017〕84号文允许纳税人选择境外税收综合抵免法（即“不分国（地区）不分项”），同时扩大境外股息所得税收抵免层级至5层。

（二）合理利用境外所得税收抵免优惠

财税〔2017〕84号文规定，企业“分国（地区）不分项”或“不分国（地区）不分项”计算其来源于境外的应纳税所得额，并按照《财政部　国家税务总局关于企业境外所得税收抵免有关问题的通知》（财税〔2009〕125号）第八条规定的税率，分别计算其可抵免境外所得税税额和抵免限额。

1．若采用“分国（地区）不分项”计算

（1）G_1系第六层企业，不满足财税〔2017〕84号文“五层外国企业”的规定，其负担的300万美元税款，不得向上计算间接抵免，只能从F_1层起算。

（2）G_1将税后利润全部分红，F_1层分得股息（应纳税所得额）为700万美元，缴纳700×30%=210万（美元）所得税，税后利润为490万美元，全部分配。根据财税〔2009〕125号文第五条规定的计算方式[①]，F_1所纳税额属于由E_1负担的税额为：

$$(210+0)\times\frac{490}{490}=210\text{万（美元）}$$

（3）E_1层不征收股息的所得税，税后利润为490−0 = 490万（美元），全部分配。同理，由D_1间接负担的税额为：

① 本层企业所纳税额属于由一家上一层企业负担的税额 =（本层企业就利润和投资收益所实际缴纳的税额 + 符合本通知规定的由本层企业间接负担的税额）× 本层企业向一家上一层企业分配的股息（红利）÷ 本层企业所得税后利润额。

$$(0+210)\times\frac{490}{490}=210\text{万（美元）}$$

（4）同理，逐层计算，B_1 国应纳税所得额为 490 万美元，全部分配，由 A 公司间接负担的税款为 210 万美元。

（5）同理，由 F_2 最终分回 A 公司的利润中，算得 B_2 的税后利润为 800 万美元，全部分配，由 A 公司间接负担的税款为 200 万美元。

（6）F_3 亏损，无法分配利润。

（7）根据财税〔2009〕125 号文第八条规定的计算方式[①]，B_1、B_2 所在国的抵免限额分别为：

$$B_1\text{：}(490+800+0)\times25\%\times\frac{490}{490+800+0}=122.5\text{万（美元）}$$

同理，B_2 限额为 800 万 ×25%=200 万（美元）。

（8）由于 B_1 所在国间接负担的税额 210 万美元大于 122.5 万美元的限额，应以限额抵免，超过抵免限额的余额允许从次年起在连续 5 个纳税年度内，用每年度抵免限额抵免当年应抵税额后的余额进行抵补（第九条）。因此，2021 年 A 公司可以抵免的总税额为：122.5+200=322.5 万（美元）。

（9）A 公司在其所在国共计补税：

$$(490+800)\times25\%-322.5=0$$

2．若采用“不分国（地区）不分项”计算

（1）A 公司的境内所得：0。

（2）A 公司的境外所得：490+800−290=1000 万（美元）。

（3）A 公司境内外所得按中国企业所得税法及实施条例计算的应纳税总额：

$$(0+1000)\times25\%=250\text{ 万（美元）}$$

（4）A 公司境外所得的抵免限额：250 × 1000 ÷ 1000 = 250 万（美元）。

（5）A 公司间接负担的所得税税额：210 + 200 = 410 万（美元），大于 250 万美元，应按 250 万美元抵免。超过部分从次年起连续 5 个纳税年度内，

① 某国（地区）所得税抵免限额 = 中国境内、境外所得依照企业所得税法及其实施条例的规定计算的应纳税总额 × 来源于某国（地区）的应纳税所得额 ÷ 中国境内、境外应纳税所得总额。

用每年抵免限额抵免当年应抵税额后的余额进行抵补。

（6）A 公司在其所在国共计补税：250 − 250 = 0。

四、海外公司利用中国税收居民身份节税

案例 9-11： 湖北省税务机关曾公布一起海外公司通过主动申请认定为“非境内注册居民企业”进行节税的案例。[①] 根据上述报道和相关公司资料，我们就案件情况整理和概述如下：

·东风集团投资雪铁龙（PSA）

2014 年 3 月 26 日，东风集团与法国政府、法国标致雪铁龙集团（PSA）以及由标致家族控制的 EPF 和 FFP 公司签订正式入股协议，以 8 亿欧元代价认购 PSA 约 14.1% 的股权。

为实施本次投资计划，东风集团在香港设立了东风汽车（香港）国际有限公司（以下简称“SPV”或“东风香港”）作为海外融资主体和直接投资主体，相关融资由东风集团进行担保。投资完成后的持股架构如图 9-4 所示：

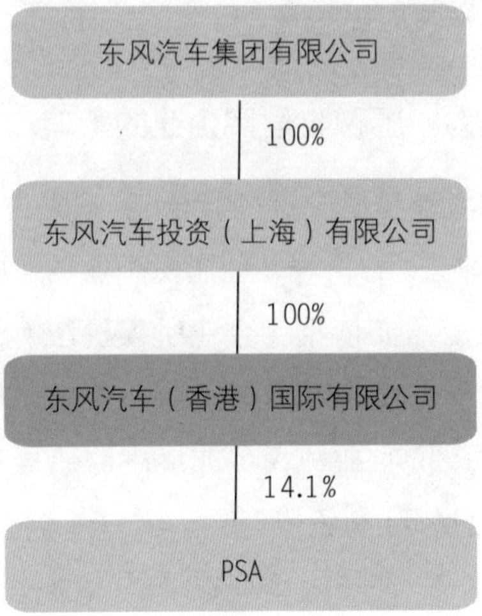

图 9-4　投资完成后的持股架构

① 湖北网络广播电视台网 . 湖北开出首例境外注册中资控股居民企业身份认定书，价值过亿！.[EB/OL].（2019-9-10）.https://news.hbtv.com.cn/p/1732552.html.

• 东风香港收到 PSA 分红的预提所得税

作为一家投资平台公司，东风香港因实际管理机构在湖北省，一直没有取得香港税收居民身份。因此，前两次分红时，东风香港在法国缴纳了 30% 的预提所得税。

2019 年，东风香港预计将收到 7 700 多万欧元的利润分红。如果依然按照之前的做法，东风香港将在法国缴纳 30% 的预提所得税。

（一）海外公司可否成为中国的税收居民

根据《企业所得税法》第二条的规定，居民企业是指依法在中国境内成立，或者依照外国（地区）法律成立但实际管理机构在中国境内的企业。因此，一家在中国内地（或大陆）之外的国家或地区成立的企业，如果实际管理机构在中国境内，可以被认定为中国税法下的居民企业。

对于在中国内地（或大陆）之外注册成立的企业而言，该类企业既可以主动申请认定为中国的居民企业，税务机关也可依职权认定海外公司为中国的居民企业。通常情况下，税务机关只有在反避税案件中才会依职权将海外注册公司认定为中国的税收居民企业。

（二）海外公司成为中国税收居民企业的影响

海外公司（又称“境外注册中资控股企业”）成为中国税收居民企业（又称“非境内注册居民企业”）后，与其他居民企业的税收待遇相同。

非境内注册居民企业需要依据《企业所得税法》及其相关规定，在中国缴纳企业所得税。同时，非境内注册居民企业从中国境内其他居民企业取得的股息、红利等权益性投资收益免税。非境内注册居民企业分配给中国境内其他居民企业股东的股息、红利免税。

基于海外融资目的，一些境内企业在境外设立控股公司作为融资平台取得融资后，又将资金用于返程投资。这种模式常见于国有企业，典型架构如图 9-5 所示：

如果香港子公司为被认定为境外注册中资控股企业，内地孙公司分配给香港子公司的股息、红利需要在内地缴纳 10% 或 5% 的预提所得税。但如果香港子公司主动申请认定为非境内注册居民企业，则内地孙公司支付给香港子公司的股息、红利所得就无须在中国境内缴纳任何的预提所得税。因此，很多采用类似结构的公司都主动将香港子公司申请认定为非境内注册居民企业。

图 9-5 国有企业典型持股架构

可能有人会问，香港子公司被认定为居民企业后，股息、红利外的其他所得不还是要缴纳 25% 的企业所得税吗？确实如此！但在上述结构中香港子公司作为控股公司并无其他收入，而符合条件的居民企业之间的股息、红利等权益性投资收益为免税收入，因此不涉及 25% 的企业所得税。

（三）海外公司利用中国税收居民身份节税案例

中国和法国签订的《对所得避免双重征税和防止偷漏税的协定》（以下简称《中法税收协定》）第十条第二款规定："如果股息受益所有人是缔约国另一方居民，则所征税款：（一）在受益所有人是公司（合伙企业除外），并直接拥有支付股息的公司至少 25% 资本的情况下，不应超过股息总额的 5%；（二）在其他情况下，不应超过股息总额的 10%。"

根据上述规定，如果东风香港被认定为中国税收居民企业，因东风香港持有 PSA 14.1% 的股份，东风香港从 PSA 收到的股息在法国缴纳的预提所得税税率由 30% 降至 10%。

正如东风汽车公司财务部相关负责人所言："对企业来讲，有了税收协定之后，税款节约了 5%，涉及金额大概 3 300 万元人民币。"

第五节 红筹架构及税务管理

一、红筹架构概述

红筹，又称"红筹股"，是指中资股东以境内主要运营资产和业务为基础，通过注册在境外（如开曼、百慕大或英属维尔京群岛等地）的离岸公司在境外上市所发行的股票。相比境内上市，红筹模式具有上市门槛低、速度快等特点，成为很多民营企业融资的重要途径。

根据最终控制主体的不同，红筹股可分为大红筹和小红筹。大红筹是指最终控制主体为国有企业的境外上市公司股票。小红筹是指最终控制实体为境内居民个人的境外上市公司发行的股票。

红筹架构并不等同于 VIE（Variable Interest Entities）架构。VIE 架构，国内通常称为"协议控制"，是红筹架构的控制形式之一。相对于普通红筹架构的直接持股形式，VIE 架构是通过签订一系列运营控制协议来实现对运营实体的控制。VIE 安排的目的，是为实现在不直接持有境内公司股权的情况下，将境内经营实体的会计报表并入境外上市主体。VIE 架构设计的主要目的是规避中国对特定行业的外资准入限制，间接实现境内资产海外上市。

二、典型红筹架构及其税务规划安排

典型的包含 VIE 协议控制安排的红筹上市架构如图 9-6 所示。

红筹架构主要是为企业海外上市服务，但整个控股结构的构建暗含着税务规划的考量。具体表现如下文所述：

1. SPV1

在英属维尔京群岛（BVI，The British Virgin Islands）注册成立 SPV1 的主要原因在于：（1）BVI 对公司注册的要求简单，成立程序快捷，维续成本低廉，保密性高；宽松的外汇管制；无须缴纳任何所得税、预提所得税、资本利得税、资本转移税、继承税、遗产税或财产税；（2）规避实际控制人直接持有上市平台（Cayman Islands）股份情形下，分红和退出时的转让收益立即缴税的风险。

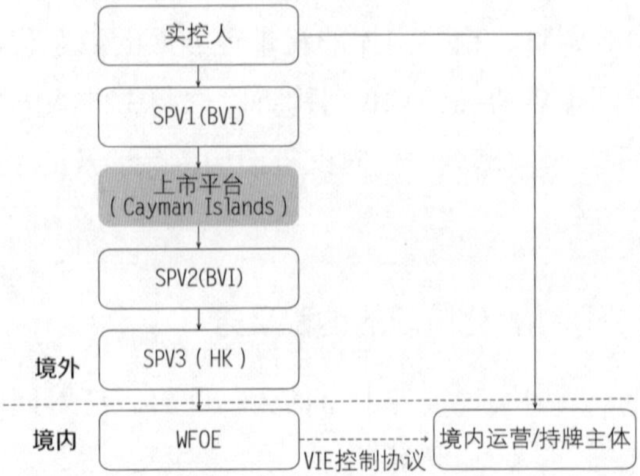

图 9-6　典型的包含 VIE 协议控制安排的红筹上市架构

2. 上市平台（Cayman Islands）

将上市主体设在开曼（Cayman Islands）主要是基于如下原因：（1）美国和中国香港交易所均接受开曼注册的公司在当地上市；（2）开曼税制简单，税率低，保密机制好，无外汇管制。

3. SPV2（BVI）

SPV2 的目的在于：（1）规避直接转让 SPV3（HK）时的香港印花税；（2）如果未来上市平台（Cayman Islands）有新的业务，可在开曼公司下另设 BVI 公司，使从事不同业务的公司彼此独立，不会彼此牵累。

4. SPV3 的目的

其目的之一是利用中国内地和香港之间税收安排的潜在优惠待遇。

三、红筹架构拆除的税务问题

虽然境外上市具有上市门槛低、速度快的优点，但也存在市盈率偏低、融资功能弱的问题。伴随着中美博弈的持续以及中国国内法制和资本市场环境的变化，很多采用红筹架构的公司已经或正考虑拆除红筹架构在国内 A 股上市。

红筹架构的拆除是一个涉及境外投资方的退出或股份赎回、红筹架构拆除、境内股权架构的调整、相关主体的注销等方面的复杂程序，涉及大量的税务问题。明税律师事务所在《VIE 架构拆除回归中的八大税务考虑》一文中对此有全面的总结。[①] 本部分简要对红筹架构拆除涉及的主要税务问题进行介绍。

（一）已上市公司私有化阶段的纳税义务

对于已采用红筹架构实现境外上市的公司而言，红筹回归前需要首先进行私有化操作。

在私有化过程中，原外资机构股东从境外上市公司退出时，可能会被视为非居民间接转让中国境内公司股权。根据国家税务总局 2015 年发布的《关于非居民企业间接转让财产企业所得税若干问题的公告》（国家税务总局公告 2015 年第 7 号），该股东可能需要在中国缴纳 10% 的所得税（或根据可适用的税收协定适用优惠税率）。

（二）境外投资方转让 WFOE 股权的涉税风险

在红筹架构拆除过程中，境内投资方或境内运营实体可能从 WFOE（外商独资企业）股东手中收购其持有的 WFOE 股权。

根据《企业所得税法》的规定，转让方取得的来源于中国境内的所得须在中国缴纳 10% 的预提所得税。同时，支付方有义务代扣代缴该非居民企业

① 明税律师事务所 .VIE 架构拆除回归中的八大税务考虑 .[EB/OL].(2015-06.30).http://www. minte-rpku.com/uploads/soft/150630/1-150630105229.pdf.

应纳的所得税。

（三）WFOE 资产转让中的相关税务问题

在 WFOE 持有必要资产（主要是一些专有技术等无形资产）的情况下，VIE 架构拆除时也可能涉及境内公司或关联方收购 WFOE 持有的必要资产的交易。

通常情况下，WFOE 需要就相关资产的转让所得（如有溢价）缴纳 25% 的企业所得税和增值税等税收。如相关的资产转让交易符合特定税收优惠的适用条件，可适用相应的税收优惠。

（四）境外投资方利润汇回的税务问题

如果 WFOE 有以前年度未分配利润或在资产收购中获取部分利润，则境外投资方可以通过分红或注销清算方式将利润分配给境外的投资方。

根据《企业所得税法》的规定，境外非居民投资方从 WFOE 获得的股息、红利所得需要缴纳 10% 的预提所得税。如果 WFOE 的股东所在国或地区与中国签订的税收协定对股息、红利所得规定了较优惠的税率，且 WFOE 的股东符合税收协定规定的“受益所有人”的条件，就可以适用协定规定的优惠税率。

第十章

10 跨境投资反避税风险防范

现行国际税收体系构建于第一次世界大战结束之后的 20 世纪二三十年代。很长一段时间以来，国际税收的核心议题是如何防止跨国企业被“双重征税”，以促进全球贸易和投资的发展，进而推动全球化进程。

伴随着全球化的深入和国与国之间的税收竞争，跨国公司的国际避税行为引起了各国税务机关的广泛关注。跨国公司广泛利用各国税制的差异、漏洞，通过转让定价、混合错配、信息不透明、税收协定滥用等在全球范围内实施避税安排。跨国公司的避税和利润转移行为，一方面侵蚀了价值创造地国家的税基，另一方面也加剧了区域间经济发展的不平衡。在数字经济时代，传统国际税收体制面临更大的挑战。数字经济的虚拟性、无形化、流动性以及数据本身具有的价值等特质，难以在原有的国际税收规则体系中找到相应的征税依据，造成了一些国家的税收流失。

据经济合作与发展组织（OECD）的统计，全球每年约 4% ～ 10% 的企业所得税收入因跨境避税而流失，每年损失约 1 000 亿美元至 2 400 亿美元。全球跨国企业约有 6 000 亿美元的利润因避税目的被人为转移到避税地，占跨国企业利润总额的 40% 左右。

2020 年以来，受新型冠状病毒肺炎疫情和俄乌冲突等地缘政治因素影响，全球经济复苏缓慢，各国的财政收入面临的压力增大。“反避税”成为各国政府增加税收的重要手段。

在国际反避税形势日益严峻的背景下，跨国公司需要更新架构设计理念，在税务风险和成本之间达到平衡。

第一节　全球及中国反避税实践

一、全球反避税行动

（一）税基侵蚀和利润转移（BEPS）计划

为在打击跨国公司的反避税领域进行国际合作，二十国集团（G20）从2013年开始委托经济合作与发展组织（OECD）开启应对税基侵蚀和利润转移（Base Erosion and Profit Shifting，简称BEPS）的相关工作。在参与各方的共同努力下，2015年BEPS十五项行动计划最终成果报告发布。

2016年，G20/OECD BEPS包容性框架（以下简称“BEPS包容性框架”）成立。各成员经过曲折艰辛的谈判，终于在2021年10月8日就应对经济数字化税收挑战的“双支柱”方案达成共识。截至2021年11月4日，“双支柱”方案已得到了BEPS包容性框架141个成员中137个成员的同意。

BEPS十五项行动计划纲领的发布，标志着全球反避税进入一个新的时代。伴随BEPS计划的落地实施，各国纷纷修改和完善自身的反避税税制，加强对国际避税行为的监管。

（二）FATCA与CRS

为获取美国税收居民的涉税信息、打击跨国逃避税，美国在2010年颁布《海外账户税收合规法案》（Foreign Account Tax Compliance Act，简称FATCA法案），要求外国金融机构向美国国内收入局报告美国税收居民（包括美国公民、绿卡持有者）账户的信息，否则外国金融机构在接收来源于美国的特定收入时将被扣缴30%的惩罚性预提所得税。FATCA法案体现了美国主导的双边信息交换机制。

参照美国的FATCA法案，经济合作与发展组织（OECD）受二十国集团（G20）委托于2014年7月发布金融账户涉税信息自动交换标准（Standard for Automatic Exchange of Financial Account Information，以下简称“标准”）。“标准”由主管当局间协议和统一报告标准（Common Reporting Standard，简称

CRS）两部分内容组成。主管当局间协议是规范各国（地区）税务主管当局之间开展金融账户涉税信息自动交换的操作性文件。CRS 规定了金融机构识别、收集和报送非居民个人和机构账户信息的相关要求和程序。

CRS 属于多边工具，为各国加强国际税收合作、打击跨境逃避税提供了强有力的信息工具。在 G20 的大力推动下，目前已有 100 个国家（地区）承诺实施“标准”。

（三）离岸公司经济实质法案

长期以来，在无税或仅有名义税收的避税地设立无实质性经济活动的壳公司，并将利润转移到该壳公司，是跨国公司常见的避税操作。

在非避税地国家的强大压力下，开曼群岛、英属维尔京群岛（BVI）等 12 个避税地已按 OECD 的标准出台经济实质法案。这些经济实质法案大多是从 2019 年 1 月 1 日起生效。经济实质法案一定程度上挤压了跨国公司利用避税地规避居民国纳税的筹划空间。与以往相比，跨国企业在避税地开展业务需满足更高标准的合规要求。[①]

二、中国的反避税税制及实践

（一）中国反避税税制概述

自 1988 年深圳市政府发布实施《深圳经济特区外商投资企业与关联公司交易业务税务管理的暂行办法》至今，中国反避税法律制度在实践中不断发展完善。[②]

作为适用于所有税种的程序法，《税收征收管理法》及其实施细则对反避税作出原则性规定。但整体而言，中国现行的反避税税制主要集中于所得税。《企业所得税法》及相关配套文件规定了较为完善的反避税制度。2019 年 1 月

① 中国国际税收研究会课题组，胡云松．避税地经济实质法案：内容、影响和对策[J]. 国际税收，2022(06):45-53.DOI:10.19376/j.cnki.cn10-1142/f.2022.06.006.

② 刘剑文，王桦宇．中国反避税法律制度的演进、法理省思及完善——以《税收征管法》修改为中心[J]. 涉外税务，2013(02):5-9.DOI:10.19376/j.cnki.cn10-1142/f.2013.02.001.

1 日起生效实施的新《个人所得税法》也首次引入了个税反避税制度。

中国在货物、劳务等流转税和其他税种的反避税制度建设层面还处于探索阶段。2016 年 3 月 23 日，财政部和国家税务总局发布的《关于全面推开营业税改征增值税试点的通知》（财税〔2016〕36 号）之附件 1《营业税改征增值税试点实施办法》第四十四条是有关增值税反避税的规定。该条第三款增加了对“不具有合理商业目的”的解释，即“以谋取税收利益为主要目的，通过人为安排，减少、免除、推迟缴纳增值税税款，或者增加退还增值税税款”。在消费税方面，相关法规针对白酒、高档化妆品等最低计税价格的规定本质上也是为了反避税。

（二）企业所得税反避税制度

《企业所得税法》在第六章“特别纳税调整”专章专门规定了反避税制度，并在第四十七条引入一般反避税条款。《企业所得税法实施条例》及后续的规范性文件中对相关事项作了进一步明确规定。

除了一般反避税制度，现行企业所得税制度中的特别反避税税制包括转让定价税制、受控外国公司税制（CFC）、资本弱化税制、成本分摊税制、非居民企业间接转让中国境内财产税制、非境内注册居民企业税制等。

此外，中国签订的税收协定（含税收情报交换协定）中通常也包含反避税条款。国家税务总局为执行税收协定所发布的相关文件也是中国反避税制度的重要组成部分。

（三）个人所得税反避税制度

总体而言，《个人所得税法》的反避税制度包括一般反避税税制、转移定价税制、受控外国公司税制和“离境清税”制度。但与企业所得税反避税制度相比，中国的个税反避税制度还不完善，仅有原则性的规定。

《个人所得税法》第八条是有关个税反避税制度的原则性规定。该条对个税制度中的一般反避税税制、转移定价税制、受控外国公司税制作了原则规定。根据该条，有下列情形之一的，税务机关有权按照合理方法进行纳税调整：

- 个人与其关联方之间的业务往来不符合独立交易原则而减少本人或者其关联方应纳税额，且无正当理由。（转移定价税制）
- 居民个人控制的，或者居民个人和居民企业共同控制的设立在实际税负明显偏低的国家（地区）的企业，无合理经营需要，对应当归属于居民个人的利润不作分配或者减少分配。（受控外国公司税制）
- 个人实施其他不具有合理商业目的的安排而获取不当税收利益。（一般反避税税制）

《个人所得税法》第十条首次引入了“离境清税”条款，亦称“弃籍税”。根据规定，因移居境外注销中国户籍，纳税人应当依法办理纳税申报。

在 2019 年新的个税法生效之前，实践中已有税务机关参照企业所得税反避税制度对个人实施了个税反避税。但因缺乏个税法层面的明文规定，实践中的个税反避税案例较少。《个人所得税法》有关反避税的规定为税务机关实施个税反避税提供了明确的执法依据。毋庸置疑，中国未来将会出现更多的个税反避税案件。

（四）中国版 CRS

经国务院批准，我国向 G20 承诺实施“标准”，首次对外交换信息的时间为 2018 年 9 月。2015 年 7 月，《多边税收征管互助公约》由十二届全国人大常委会第十五次会议批准，于 2016 年 2 月对我国生效，为我国实施“标准”奠定了多边法律基础。2015 年 12 月，国家税务总局签署了《金融账户涉税信息自动交换多边主管当局间协议》，为我国与其他国家（地区）间相互交换金融账户涉税信息提供了操作层面的依据。

三、跨境投资的反避税风险及防范

在经济全球化与数字化交织、新旧国际税收规则交替的背景下，中国企业应充分了解最新国际税收规则，提早做好应对准备，合理适用不同国家的优惠税制、不同税收协定优惠待遇，在新一轮科技革命、产业变革与国际税收改革中积极进取，持续增强国际竞争力，更好地实现“走出去”。

第二节　中国转移定价反避税第一大案

一、案情回顾

案例10-1：2014年11月23日，新华社以《避税与反避税：税务部门和跨国公司间的猫鼠博弈——从中国反避税第一大案说起》为题，披露了该案的相关细节。

（一）公司概况

M公司是一家全球知名企业，在世界五百强的排名长期名列前茅，总部设在美国。1995年M公司在北京投资设立了外商独资企业，经过两次增资，注册资本高达2 000万美元。

（二）处理经过

虽然M公司实力强大，但令人感到蹊跷的是，它在中国的子公司自设立以来几乎没有什么盈利。企业财务报表显示，除个别年度微利外，多年来一直处于亏损状态，6年累计亏损达20多亿元。但是，从M公司所处的行业看，北京市该行业的平均利润率在12%以上，而这家公司的平均利润率为−18%。这一反常现象引起我国税务机关的高度关注，并开始对其进行反避税调查。

调查发现，这家公司累计亏损巨大，并不是因为产品在市场上销售差，而是因为利润的一半以上都要支付给美国母公司，作为提供研发服务和技术支持的特许经营费用，也就是说中国子公司的利润需至少超过目前的一半以上方能盈利。

（三）处理结果

在进行了大量论证后，我国税务部门指出其不合理性，并最终获得了美方的承认。最终，M公司的中国子公司补缴税款及利息共计 8.4 亿元。按照企业目前销售规模测算，其未来每年将为中国增加税收 1 亿多元。该案件因数额巨大、影响巨大，被称为“中国反避税第一大案”。

二、案件处理法律依据

《企业所得税法》第四十一条，确立了中国有关关联交易和转让定价税制调整的一般原则。该条规定，“企业与其关联方之间的业务往来，不符合独立交易原则而减少企业或者其关联方应纳税收入或者所得额的，税务机关有权按照合理方法调整”。关联关系的认定遵循实质重于形式的基本原则。税务机关对关联交易调整的“合理方法”，包括可比非受控价格法、再销售价格法、成本加成法、交易净利润法、利润分割法，以及其他符合独立交易原则的方法。

国家税务总局 2009 年颁布的《特别纳税调整实施办法（试行）》（国税发〔2009〕2 号）对转让定价法律制度作了全面系统的规定。在总结多年实践经验的基础上，国家税务总局先后发布了数个文件对国税发〔2009〕2 号文的相关规定进行了修订。相关文件具体详见表 10-1。

表 10-1　案件处理法律依据

发布日期	文件名
2015-06-16	《国家税务总局关于规范成本分摊协议管理的公告》（国家税务总局公告 2015 年第 45 号）
2016-06-29	《国家税务总局关于完善关联申报和同期资料管理有关事项的公告》（国家税务总局公告 2016 年第 42 号）
2016-10-11	《国家税务总局关于完善预约定价安排管理有关事项的公告》（国家税务总局公告 2016 年第 64 号）
2017-03-17	《特别纳税调查调整及相互协商程序管理办法》（国家税务总局公告 2017 年第 6 号）

M公司的中国子公司被中国税务机关实施反避税调整的主要原因是，M公司的中国子公司与美国母公司的关联交易定价不公允导致少缴中国境内所得税。

三、M公司的中国子公司为什么会被选中

（一）转让定价重点关注企业

中国的税务机关主要是通过纳税人的纳税申报数据、关联交易申报审核、同期资料管理和利润水平监控等手段，对企业实施反避税监控管理。

税务机关对M公司的中国子公司实施转让定价调整的时间发生在2014年，适用的是国税发〔2009〕2号文的规定。根据国税发〔2009〕2号文第三十九条的规定，转让定价调查应重点选择的企业见表10-2。

表10-2　转让定价调查重点关注企业

序号	重点关注企业
1	关联交易数额较大或类型较多的企业
2	长期亏损、微利或跳跃性盈利的企业
3	低于同行业利润水平的企业
4	利润水平与其所承担的功能风险明显不相匹配的企业
5	与避税港关联方发生业务往来的企业
6	未按规定进行关联申报或准备同期资料的企业
7	其他明显违背独立交易原则的企业

国家税务总局公告2017年第6号文在上述规定的基础上，将具有如下风险特征的企业作为重点关注企业：（1）从其关联方接受的债权性投资与权益性投资的比例超过规定标准；（2）由居民企业，或者由居民企业和中国居民控制的设立在实际税负低于12.5%的国家（地区）的企业，并非由于合理的经营

需要而对利润不作分配或者减少分配。

（二）M 公司具有转让定价重点关注企业风险特征

M公司在中国的子公司自设立以来几乎没有什么盈利，且属于低于同行业利润水平的企业，符合国税发〔2009〕2 号文规定的转让定价重点关注的风险特征。

因此，M 公司的中国子公司被中国的税务机关关注并实施了反避税调查。

四、案件启示

根据中国的《企业所得税法》，居民企业每年在进行年度企业所得税纳税申报时，需要同时披露关联交易。同时，满足特定条件的企业还需要准备同期资料本地文档、特殊事项文档或主体文档，来说明企业与关联方之间的业务往来符合独立交易原则、未造成少缴中国的所得税。

在大数据和互联网时代，税务机关可以轻松地通过技术手段对企业的各类申报数据、同行业涉税数据等进行不同维度的分析比对，从而识别企业的关联交易异常情况。本案中，税务机关正是通过大数据分析发现 M 公司的中国子公司的多项指标异常，才对 M 公司的中国子公司进行反避税调查。跨国公司在中国投资，应事先了解和遵守中国的反避税税制。

另外，中国税法允许跨国公司与中国税务机关达成预约定价安排。如果跨国公司希望增强关联交易安排的确定性、避免反避税调整的风险，跨国公司也可以寻求与中国的税务机关达成预约定价安排。

第三节　12 亿元税款！境外股权转让被穿透征税

2016 年，《中国税务报》刊载了题为《境外间接转让境内股权，复杂架构难掩纳税义务》的报道，披露了一起北京市海淀区国税局查补非居民企业间接转让股权税款 12 亿元并成功入库的案例。

一、案情回顾

（一）交易概况

案例 10-2： 2015 年 4 月和 8 月，海淀区国税局陆续受理了 15 家境外非居民企业分两次间接转让境内 3 家居民企业股权（北京 A 公司、北京 B 公司和天津 C 公司）的报送资料。

从企业报送的资料看，转让方均为注册于英属维尔京群岛（BVI）、新加坡等地的境外投资机构；受让方为注册于开曼群岛、中国香港等地的上市公司及投资机构，转让标的为注册在开曼群岛的某非居民企业 F 公司。F 公司通过持有注册于中国香港、开曼群岛等地的多家中间层公司，间接持有北京 A 公司、北京 B 公司和天津 C 公司 3 家居民企业的股权。交易采取现金与股权支付相结合的支付方式，交易总对价为 27.5 亿美元。

转让前，境内 3 家标的公司简化的控股架构如图 10-1 所示：

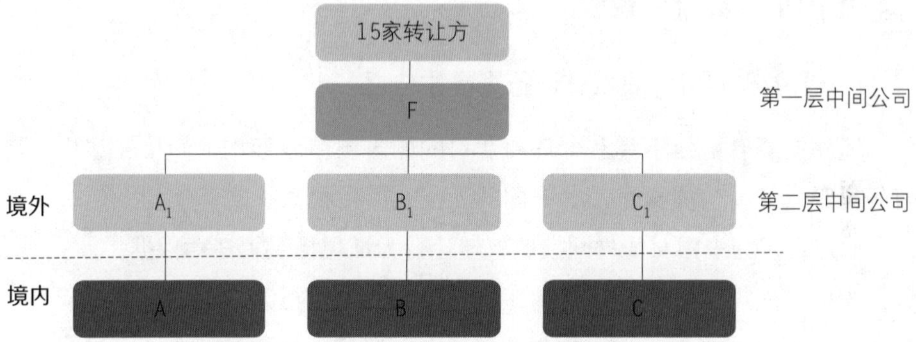

图 10-1　境内 3 家标的公司简化控股架构图

（二）转让方、中间控股公司、境内标的公司概况

15 家境外转让方全部注册在开曼群岛、英属维尔京群岛（BVI）等避税地，对股权转让不征税。15 家境外企业虽然在所在国家（地区）登记注册，但

主要是提供投资融资服务平台，没有实质经营业务。15 家境外非居民企业分两次间接转让境内 3 家居民企业股权，两轮交易中转让方、受让方不存在任何关联关系。

境内 3 家被转让的标的公司主要从事产品的研发、推广、营销等活动，注册用户绝大部分来自中国境内。

中间层控股公司主要目的是持有境内 3 家公司的股权。

（三）案件处理结果

税务机关认为，本次股权转让交易的主要价值直接来源于中国境内的 3 家居民公司，中间层公司对此次股权转让贡献价值很小。因此，该交易属于非居民企业间接转让中国应税财产，需要在中国缴纳所得税。

最终，15 家转让方和税务机关达成一致，第一轮交易应纳税额总计近 1 亿美元，第二轮交易应纳税额总计 1.09 亿美元，两轮交易应纳税额总计约 2 亿美元。

二、中国是否具有征税权

（一）中国对境外股权转让行为征税依据

境外投资者搭建不具有合理商业目的的多层持股架构、间接转让中国境内公司股权的行为涉嫌避税。中国的《企业所得税法》及其实施条例有关反避税的规定，为中国对境外间接股权转让行为征税提供了法律依据。

为更好地规范境外投资者转让中国股权的征税行为，国家税务总局早在 2009 年就颁布实施了《关于加强非居民企业股权转让所得企业所得税管理的通知》(国税函〔2009〕698 号)。在总结实践经验的基础上，国家税务总局又在 2015 年发布了《关于非居民企业间接转让财产企业所得税若干问题的公告》(国家税务总局公告 2015 年第 7 号，以下简称国税 2015 年第 7 号公告)，对国税函〔2009〕698 号文进行了修订和完善。

根据国税 2015 年第 7 号公告第一条的规定，非居民企业通过实施不具有合理商业目的的安排，间接转让中国居民企业股权等财产，规避企业所得税纳税义务的，应重新定性该间接转让交易，确认为直接转让中国居民企业股权等财产。

（二）“合理商业目的”的判断标准

“合理商业目的”判断，是对间接转让交易重新定性的前提条件。只有不具备“合理商业目的”的非居民企业间接转让中国境内财产，才需要重新定性为直接转让中国境内财产并在中国申报缴税。

1．“合理商业目的”的考量因素

在国税 2015 年第 7 号公告发布之前，相关法规对于如何判断间接转让交易是否具有“合理商业目的”缺乏明确的指导。国税 2015 年第 7 号公告列举了判定是否具有合理商业目的的考量因素，见表 10-3。

表 10-3　判定是否具有合理商业目的的考量因素

序号	考量因素
1	中国应税财产占被转让境外企业股权价值的比重
2	中国境内投资占被转让境外企业资产价值的比重，或源于中国境内的收入占被转让境外企业收入的比重
3	境外企业及其下属企业实际履行的功能和承担的风险
4	境外企业股东、业务模式及相关组织架构的存续时间
5	间接转让交易在境外的缴税情况
6	间接投资、间接转让和直接投资、直接转让的可替代性
7	间接转让所得在中国可适用税收协定或安排的情况
8	其他相关因素

2．安全港规则

国税 2015 年第 7 号公告设置了“安全港规则”，对符合条件的特定间接转让中国应税财产的交易免予缴纳中国企业所得税。表 10-4 列举了适用“安全港规则”的 3 种情形。

表 10-4　适用“安全港规则”的 3 种情形

情形	具体规定
情形一	境外股权转让方在公开市场买入并卖出同一上市境外企业股权取得间接转让中国应税财产所得
情形二	在境外股权转让方直接持有并转让中国应税财产的情况下，按照可适用的税收规定或安排的规定，该项财产转让所得在中国可以免予缴纳企业所得税
情形三	同时符合以下条件的集团内部重组交易将被认定为具有合理商业目的： •股权转让方和股权受让方的持股关系为 80% 或以上（境外企业股权价值主要来自于中国境内不动产的情况下，持股关系须为 100%） •本次集团内部重组未造成以后可能再次发生的间接转让承担的中国企业所得税税负减少 •股权受让方全部以本企业或与其具有控股关系的企业的股权（不包括上市企业的股权）支付股权交易对价

3．直接认定为不具有合理商业目的情形

根据国税 2015 年第 7 号公告，与间接转让中国应税财产相关的整体安排同时符合以下情形的，应直接认定为不具有合理商业目的，见表 10-5。

表 10-5　直接认定为不具有合理商业目的的情形

序号	情形
1	境外企业股权 75% 以上价值直接或间接来自于中国应税财产
2	间接转让中国应税财产交易发生前一年内任一时点，境外企业资产总额（不含现金）的 90% 以上直接或间接由在中国境内的投资构成，或间接转让中国应税财产交易发生前一年内，境外企业取得收入的 90% 以上直接或间接来源于中国境内
3	境外企业及直接或间接持有中国应税财产的下属企业虽在所在国家（地区）登记注册，以满足法律所要求的组织形式，但实际履行的功能及承担的风险有限，不足以证实其具有经济实质
4	间接转让中国应税财产交易在境外应缴所得税税负低于直接转让中国应税财产交易在中国的可能税负

4．转让方的间接转让行为不具有合理商业目的

15 家转让方的间接股权转让行为不符合“安全港规则”，且同时具备如

下不利因素：（1）转让股权的主要价值来自中国境内的被投资企业（北京A公司、北京B公司、天津C公司）；（2）中间控股公司主要目的是持有境内3家公司的股权，缺乏经济实质。

因此，税务机关将该间接股权转让交易重新定性为直接转让中国境内公司股权，并要求补税总计约2亿美元。

三、不披露交易信息可以吗

境外发生的非居民企业间接股权转让交易，如果转让方不向中国的税务机关进行交易披露，中国的税务机关可能难以发现。但在该案例中，正是由于15家转让方的主动申报行为，才让税务机关得以最终对该行为征税。

非居民企业间接转让中国境内公司股权是否属于强制性交易披露事项？如果相关方不进行交易披露，哪一方需要承担法律责任，需要承担何种法律责任？上述问题在国税2015年第7号公告中均有规定。

（一）不属于强制性交易披露事项

国税2015年第7号公告取消了国税函〔2009〕698号文对间接股权转让交易的强制性交易披露义务。

间接转让中国应税财产的交易双方及被间接转让股权的中国居民企业，均可以向主管税务机关报告股权转让事项。

主管税务机关也有权要求交易双方、筹划方、被间接转让股权的中国居民企业，提供与交易相关的信息和资料。

（二）自愿进行交易披露或主动申报缴税可减轻法律责任

如果该交易需缴纳中国企业所得税，是否提交资料的法律后果是不同的。

对转让方而言，如果股权转让方自签订境外企业股权转让合同或协议之日起30日内向主管税务机关披露交易信息或在主管税务机关责令限期缴纳前自行申报缴纳税款的，不加收利息。如果转让方未按规定期限进行交易披露，也未申报缴纳税款的，税务机关可加收利息（按照税款所属纳税年度中国人民银行公布的与补税期间同期的人民币贷款基准利率加 5 个百分点计算）。

对扣缴义务人而言，如果扣缴义务人未扣缴，且股权转让方未缴纳应纳税款的，主管税务机关可以追究扣缴义务人责任；但扣缴义务人已在签订股权转让合同或协议之日起 30 日内向税务机关进行交易披露的，可以减轻或免除责任。

（三）主动披露交易事项可减轻转让方的法律责任

本案例中，15 个转让方主动向海淀区国税局披露了交易事项。因为该主动披露行为，税务机关向 15 个转让方征税时，不会加收利息。

四、转让方应向哪个地方的税务机关缴税

（一）主管税务机关的确定原则

就间接转让交易而言，主管税务机关是指在中国应税财产被非居民企业直接持有并转让的情况下，对于财产转让所得应向其申报缴纳企业所得税税款的主管税务机关。对归属于在中国境内所设机构、场所财产的数额，主管税务机关为境内所涉机构、场所的主管税务机关；涉及中国境内不动产的，不动产所在地的税务机关为主管税务机关。除上述情形外，被转让中国境内居民企业所在地的税务机关为主管税务机关。

股权转让方通过直接转让同一境外企业股权导致间接转让两项以上中国应税财产且应予征税时，涉及两个以上主管税务机关的，股权转让方应分别到各所涉主管税务机关申报缴纳企业所得税。纳税人也可以选择一地办理纳税申报缴税事宜。受理申报地主管税务机关应在受理申报后 5 个工作日内，向扣缴义务人所在地和同一项所得其他发生地主管税务机关发送《非居民企业税务事项联络函》，告知非居民企业涉税事项。

本案例中，15 家转让方选择向北京市海淀区国税局一地办理纳税申报缴税事宜。该方式有助于提升沟通效率、节约办理成本。

（二）按何种比例向不同主管税务机关申报税款

在涉及两个以上主管税务机关时，税款应按什么样的标准在主管税务机关之间入库并没有明确的规定。征税过程中出现两种观点：

一种观点认为税务机关应参照税务总局在《沃尔玛收购好又多非居民企业所得税征税方案》中的方法，综合使用境内被转让的 65 家公司交易发生前的实际出资额、净资产、营业收入 3 项指标，对股权转让所得作分配，每项指标占 1/3 权重。由此计算，归属于北京市海淀区国税局的应纳税额总计为 1.83 亿美元。

另一种观点认为，应该用截至股权转让时点的注册资本额代替实际出资额，这样计算下来，归属于北京市海淀区国税局的应纳税额就变为 1.77 亿美元。

最终，北京市海淀区国税局坚持认为将截至股权转让时点的实际出资额作为分配收入的依据更加合理。主要理由是，注册资本是股东愿意投入的资金，实收资本是企业实实在在投入企业运营的资金。如果实际资金没有到位，就是无源之水，企业根本无法运转。与此同时，在计算境外非居民企业在中国应该缴纳的税款时，使用的数据就是实收资本，而非注册资本。如果计算税款在两地主管税务机关的分配额度时用注册资本，就导致两者计算口径的不一致。因此，相比较而言，将实际出资额作为收入分配指标更加合理。

本案例中，各转让方按照上述方式确定的税款向各主管税务机关缴纳了应纳的税款。

第四节　“受益所有人”反避税案

2016 年 2 月 15 日，《中国税务报》以《揭开跨国公司神秘避税面纱，青岛国税查结首例受益所有人案》为题，披露了一起“受益所有人”反避税案。

本案发生于 2018 年之前，适用的是当时有效的《国家税务总局关于如何理解和认定税收协定中“受益所有人”的通知》（国税函〔2009〕601 号）和《国家税务总局关于认定税收协定中“受益所有人”的公告》（国家税务总局公告2012年第30号，以下简称“国税2012年第30号公告”)。2018年，国家税务总局发布《关于税收协定中“受益所有人”有关问题的公告》(国家税务总局公告2018年第9号，以下简称“国税2018年第9号公告”)，废止了国税函〔2009〕601号文和国税2012年第30号公告。国税2018年第9号公告对国税函〔2009〕601号文和国税2012年第30号公告的部分规定进行了修订，同时延续了国税函〔2009〕601号文和国税2012年第30号公告的部分规定。

该案件较为全面地展示了中国税务机关在实践中如何对纳税人的“受益所有人”身份进行认定。而且，根据国税2018年第9号公告，案发当时税务机关的相关认定仍然有效。因此，本书将该案例作为反避税典型案例进行分析。

一、案情回顾

（一）集团概况

案例10-3： A香港公司系A集团在中国香港特别行政区注册的全资子公司，投资方包括A荷兰公司、A开曼群岛公司。截至2010年12月31日，A香港公司在华的全资控股公司包括B公司、C公司、D公司。设在青岛的B公司系A香港公司100%投资的企业。

集团简化的控股结构如图10-2所示：

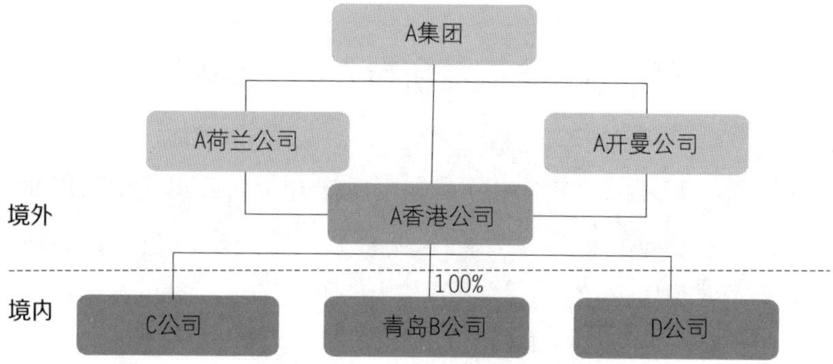

图10-2 集团简化的控股结构

（二）B 公司利润分配

青岛 B 公司在 2009 年至 2010 年间，3 次召开利润分配董事会，决定向公司股东 A 香港公司分配利润。

（三）A 香港公司申请享受税收协定待遇情况

B 公司代 A 香港公司向主管国税机关办理了非居民享受税收协定待遇审批手续。

根据《内地和香港特别行政区关于对所得避免双重征税和防止偷漏税的安排》（以下简称《税收安排》）第十条的规定，A 香港公司从 B 公司取得的股息、红利所得适用 5% 的股息所得企业所得税优惠税率。A 公司据此向税务机关申报缴税。

（四）“受益所有人”身份不符及补缴税款

税务机关在后续管理中认为，A 香港公司不符合“受益所有人”身份。最终，A 公司补缴了其已享受的税收优惠税款。

二、“受益所有人”的身份认定标准

“受益所有人”是指对所得或所得据以产生的权利或财产具有所有权和支配权的人。

（一）“受益所有人”身份认定的不利因素

国税函〔2009〕601 号文第二条列举了“受益所有人”身份认定的 7 项不利因素，国税 2018 年第 9 号公告对其中两项作了修改，并删除了两项因素。表 10-6 对比了国税函〔2009〕601 号文和国税 2018 年第 9 号公告有关“受益所有人”身份认定的不利因素：

表 10-6 有关“受益所有人”身份认定的不利因素

序号	国税函［2009］601 号文	国税 2018 年第 9 号公告
1	申请人有义务在规定时间（比如在收到所得的 12 个月）内将所得的全部或绝大部分（比如 60% 以上）支付或派发给第三国（地区）居民	申请人有义务在收到所得的 12 个月内将所得的 50% 以上支付给第三国（地区）居民，“有义务”包括约定义务和虽未约定义务但已形成支付事实的情形
2	除持有所得据以产生的财产或权利外，申请人没有或几乎没有其他经营活动	• 申请人从事的经营活动不构成实质性经营活动。实质性经营活动包括具有实质性的制造、经销、管理等活动。申请人从事的经营活动是否具有实质性，应根据其实际履行的功能及承担的风险进行判定 • 申请人从事的具有实质性的投资控股管理活动，可以构成实质性经营活动；申请人从事不构成实质性经营活动的投资控股管理活动，同时从事其他经营活动的，如果其他经营活动不够显著，不构成实质性经营活动
3	在申请人是公司等实体的情况下，申请人的资产、规模和人员配置较小（或少），与所得数额难以匹配	删除
4	对于所得或所得据以产生的财产或权利，申请人没有或几乎没有控制权或处置权，也不承担或很少承担风险	删除
5	缔约对方国家（地区）对有关所得不征税或免税，或征税但实际税率极低	相同
6	在利息据以产生和支付的贷款合同之外，存在债权人与第三人之间在数额、利率和签订时间等方面相近的其他贷款或存款合同	相同
7	在特许权使用费据以产生和支付的版权、专利、技术等使用权转让合同之外，存在申请人与第三人之间在有关版权、专利、技术等的使用权或所有权方面的转让合同	相同

代理人或指定收款人等（统称“代理人”）不属于“受益所有人”。申请人通过代理人代为收取所得的，无论代理人是否属于缔约对方居民，都不应据此影响对申请人“受益所有人”身份的判定。

（二）直接判定具有“受益所有人”身份

下列申请人从中国取得的所得为股息时，可直接判定申请人具有“受益所有人”身份，见表 10-7。

表 10-7　可直接判定申请人具有“受益所有人”身份的情形

序号	申请人
1	缔约对方政府
2	缔约对方居民且在缔约对方上市的公司
3	缔约对方居民个人
4	申请人被第 1 ～ 3 项中的一人或多人直接或间接持有 100% 股份，且间接持有股份情形下的中间层为中国居民或缔约对方居民

三、税务机关否认 A 香港公司“受益所有人”身份的理由

为核实 A 香港公司受益所有人身份，税务机关围绕“实际控制权”这一主线，分别从公司高管任职及薪酬获取、A 香港公司对经营所得是否有控制权或处置权及风险承担、股息分配及处置、员工人数及与所得配比等多个维度提取、分析信息，并作出如下判断：

（1）该公司高管及员工均未在该公司有实质性任职，员工人数与资产规模、所得数额不相匹配。检查发现，A 香港公司截至 2010 年 12 月 31 日共有 3 位董事，而 3 位董事均不任职于 A 香港公司及其设在内地的任何控股公司。历年董事会报告均反映，“在整个年度期间，公司董事从未且未来也不会因其为公司所做的工作而收到任何费用或报酬”。也就是说，A 香港公司董事会的各种决策要受制于 A 集团，据此可以判定，该公司不属于完整的实体公司。

同时，A 香港公司仅有的两名员工，当时分别为 A 公司亚太区人力资源

总监和大中华区售后、培训经理，二人均未从事与投资业务直接相关的工作。相对于6亿多元的注册资本及每年数千万元的所得，其人员配置较少，与所得数额难以匹配。

（2）对于所得或所得据以产生的财产或权利缺乏实质控制权或处置权，基本不承担经营风险。A香港公司2009年以来3次董事会决议均将从B公司获得的股息全部作为该公司股息发放给各股东，未有任何留存。并且，A香港公司作为投资公司，未将所分得的股息用于项目投资、配股、转增股本、企业合并、收购及风险投资等资本运作活动。此外，2011年1月3日，A金融服务公司与A香港公司签订于比利时布鲁塞尔的借款协议修正书显示，A金融服务公司将承担给附属公司贷款的货币风险及其他风险。这表明，A香港公司与A金融服务公司存在的是一种委托—代理关系，但同时免除了A香港公司的贷款风险。

（3）A香港公司中积极所得占比较少，基本为消极所得。除持有所得据以产生的财产或权利外，没有或几乎没有其他经营活动。

（4）法律管辖权与登记注册地不相应。A香港公司为在香港登记注册的居民法人，但对外签订的多份经营合同或协议却适用远在欧洲的某国法律。如2008年8月20日和2012年7月11日A香港公司与B公司签订于比利时布鲁塞尔的借款协议中，"依据的法律与服从的管辖"部分注明"本协议在所有方面的建构、效力与执行均在比利时王国的法律管辖之下"。由于A集团的资金管理中心等多设立在比利时，适用该国法律管辖使人对A香港公司的实际控制权产生疑虑。

通过以上4点判断，税务机关认为，A香港公司不符合"受益所有人"条件，对其已享受的非居民企业股息预提税适用税率税收优惠问题应予纠正。

四、启示

（一）投资前应审慎评估架构设计是否符合协定优惠适用条件

跨境投资中搭建多层间接持股架构的一个重要目的，是希望利用中间控股公司和投资目的地国的税收协定优惠，以降低或延缓所得取得环节的相关税收。但设计间接持股架构、搭建可利用的税收协定本身，并不足以保证纳税人可以享受税收协定的优惠。

“受益所有人”身份是纳税人享受税收协定有关股息、利息、租金和特许权使用费等条款规定的税收优惠的前提条件。对“受益所有人”的判定遵循的是实质重于形式的原则。对希望利用税收协定优惠的投资者而言，搭建多层间接持股架构前，应仔细研究和审慎评估自身是否符合“受益所有人”的认定条件。除此之外，有关股息、红利所得，缔约对方税收居民享受税收协定优惠待遇还可能需满足持股时间和持股比例的要求。如果企业对享受税收协定优惠的条件理解得不够全面和透彻，将导致相应的税务风险。

（二）“备查制”下，“受益所有人”身份后续可能被否定

非居民纳税人享受税收协定待遇的管理经历了“审批制”—“备案制”—“备查制”的演变。

2019 年，国家税务总局印发的《非居民纳税人享受协定待遇管理办法》（国家税务总局公告 2019 年第 35 号，以下简称国税 2019 年第 35 号公告），将享受协定待遇的“备案制”改为“备查制”。具体而言，国税 2019 年第 35 号公告规定非居民纳税人享受协定待遇将采取“自行判断、申报享受、相关资料留存备查”的方式。非居民纳税人自行判断符合享受协定待遇条件的，可在纳税申报时，或通过扣缴义务人在扣缴申报时，自行享受协定待遇，同时按规定归集和留存相关资料备查，并接受税务机关后续管理。

“审批制”变为“备查制”，在方便纳税人享受税收协定待遇的同时，也增加了纳税人享受税收协定待遇的不确定性。税务机关在后续管理中如果认为纳税人不符合“受益所有人”的认定条件，就可以否定纳税人的“受益所有人”身份，并要求补缴相应的税款和滞纳金 / 利息。

第五节　非居民个人间接转让股权案

2011 年 6 月 8 日《中国税务报》以《历时半年深圳地税局跨境追缴 1 368 万元税款》为题，披露了全国首例对非居民个人间接转让中国境内公司股权追征个人所得税的案例（“深圳案例”）。2015 年 9 月 22 日，《中国税务报》刊载了题为《海淀地税局追征境外企业股权交易税款》的报道，这是涉及非居民个人间接转让股权的第二个案例（“海淀案例”）。

上述两个案例是截至 2022 年 9 月 30 日，能公开查询到的仅有的两个涉及非居民个人间接转让股权被征税的案例，且均发生在 2019 年 1 月 1 日新的《个人所得税法》生效之前。

2019 年新生效的《个人所得税法》首次引入了个税反避税制度，在此之前并无个税反避税的相关规定。因此，“深圳案例”和“海淀案例”在新《个人所得税法》下具有更大的借鉴和参考意义。

一、“深圳案例”及其启示

（一）案情简介

1．交易概况

案例 10-4：某香港商人在中国香港注册一家典型“壳公司”，注册资本仅有 1 万港币。2000 年该公司作为投资方在深圳注册一家法人企业，专门从事物流运输，同时购置大量仓储设施。经过近 10 年的经营，子公司已经形成品牌企业，经营前景看好，而且由于房地产市场一直处于上升趋势，公司存量物业市场溢价很高。

2010 年，该港商在境外将中国香港公司转让给新加坡某公司，深圳公司作为子公司一并转让，转让价格 2 亿多元。

2．税务认定及处理

深圳市地税局认为本案转让标的为中国香港公司和深圳公司，标的物业为深圳公司的资产，转让价格基础是深圳公司的资产市场估价。鉴于中国香港公司在港无实质性经营业务，其转让溢价应大部分归属于深圳公司的资产增值。这形式上是直接转让中国香港公司股权，实质上是间接转让深圳公司股权。经请示税务总局，决定对其追征税款。全国首例对非居民个人间接转让中国境内企业股权追征的个人所得税 1 368 万元在深圳市地税局入库。

（二）启示

无论是《国家税务总局关于加强非居民企业股权转让所得企业所得税管理的通知》（国税函〔2009〕698 号），还是《国家税务总局关于非居民企业间接转让财产企业所得税若干问题的公告》（国税 2015 年第 7 号公告），都仅适用于非居民企业间接转让中国境内公司股权或应税财产的行为，并不适用于非居民个人。

2019 年 1 月 1 日新生效的《个人所得税法》引入的反避税制度，为税务机关对非居民个人实施的间接转让中国境内公司股权征税，提供了制度保障和执法依据。毋庸置疑，未来可能出现更多的个税反避税案件。

与企业所得税反避税制度相比，中国的个税反避税制度仅有原则性的规定，缺乏执行层面的具体规定和标准。

二、"海淀案例"及其启示

（一）案情简介

1. 交易概况

案例 10-5： 2014 年 10 月，两名中国居民到北京市海淀区地税局第五税务所，办理境外企业股权转让个人所得税缴纳业务。按照相关规程，该业务需要办理待解缴入库手续。为确保税款计算准确，谨慎起见，海淀区地税局国际税务管理科要求纳税人提供股权转让合同。但两名纳税人以各种理由推诿，仅提供了两页合同摘要。这份摘要中的"土地出让金"一词引起了税务人员注意：转让的是境外企业股权，但从合同内容看，交易定价约定的事项为何却属于境内事项？

税务人员马上要求两名纳税人提供全套交易合同。合同显示：2014 年 8 月，加拿大籍华人 L 与 H 公司（注册于英属维尔京群岛）以及中国居民李某、王某等四方共同签署《Z 公司整体股权转让协议》，将共同持有的 Z 公司（注册于开曼群岛）100% 股权转让给注册于开曼群岛的 M 公司。加拿大籍华人 L、H 公司、李某和王某在 Z 公司中所占股权分别为 58%、30%、10%、2%，该项交易最终转让价格为 4.1 亿元人民币。交易中被转让的 Z 公司唯一的子公司是其 100% 控股的境内企业 F 公司，而 F 公司拥有的位于北京市海淀区的一座写字楼 A 大厦，是此次交易的核心资产，合同中将近 90% 的篇幅都是关于 F 公司和 A 大厦相关事项的约定。

2．税务认定及处理

Z 公司是空壳公司。境外注册 H 公司的股权转让实质即为转让中国居民企业股权，非居民企业 H 负有在我国纳税的义务。两个中国籍居民应缴纳的个人所得税全额入库。

加拿大籍个人 L 的股权转让实质即为转让中国居民企业股权，税务机关引用了《关于非居民个人股权转让相关政策的批复》（国税函〔2011〕14 号），要求其就来源于我国境内的所得补缴税款 4 651 万元。

最终，该项股权交易应纳税款 6 853 万元全部缴纳入库。

（二）启示

在国地税分置的背景下，地税和国税部门信息沟通的缺乏某种程度上为纳税人的避税和逃税行为创造了空间。但本案中，地税部门在发现案件存在非居民企业间接转让中国境内公司股权时，及时将案件传送给国税部门，从而确保了对该行为的征税。

当前，省级及以下的国地税部门已完成合并。相比之前，税务机关内部的信息交流将会更加通畅，这无疑会大大增强税务机关对避税行为的打击力度。

第六节 “走出去”企业反避税案

2021年7月2日，“先正达”在《首次公开发行股票并在科创板上市招股说明书（申报稿）》（以下简称《招股说明书》）中详细披露了多起境外税务机关对“先正达”在海外的子公司发起的反避税调查案件。

一、先正达集团概述

先正达集团股份有限公司（以下简称“先正达集团”或“先正达”），于2019年注册于上海，主要由瑞士先正达、安道麦及中化集团农业业务组成。

先正达集团是全球领先的农业科技创新企业，主营业务涵盖植物保护、种子以及作物营养产品的研发、生产与销售，并从事现代农业服务。先正达集团拥有丰富的产品与业务组合，在全球重点农业市场占据领先地位，在最具增长潜力的中国市场拥有独特资源与优势。

先正达集团业务主要分布在北美洲、拉丁美洲、欧洲、非洲及中东地区、中国及除中国以外的亚太地区，业务活动遍及全球100多个国家和地区。

二、先正达境外反避税争议案件

根据《招股说明书》，截至2020年12月31日，先正达集团在境外发生的尚未解决的重大税务争议如下：

（一）先正达与当地税务机关的4起转让定价争议

（1）先正达巴西被指在2003年少缴企业所得税、基于净利润的社会贡献费和基于总收入的社会贡献费，而被巴西联邦税务机关稽核税款，系因：①据称先正达巴西的存货与实际不符而导致的未申报收入；②因未遵守当地规定《第243号标准指令》（IN243）确定的再销售价格计算标准而被要求进行转移定价纳税调整。先正达巴西对该等控诉提起了第一级行政抗辩，随后的第一级行政裁决对先正达巴西部分有利，先正达巴西就前述裁决中对其不利的部分提出了上诉，然而，随后的行政裁决均对先正达巴西不利。2017年1月12日，先正达巴西就此案件在司法法院提起了诉讼，公司未披露案件审理结果。

（2）与上述案件类似，巴西联邦税务机关针对先正达巴西进行另一项稽核税款，称先正达巴西涉嫌在2011年因未遵守当地规定《第243号标准指令》（IN243）确定的再销售价格计算标准而少缴了当地企业所得税以及基于净利润的社会贡献费。先正达巴西对该等控诉提起了第一级行政抗辩，但随后的行政裁决均对先正达巴西不利。2018年1月18日，先正达巴西就此案件在司法法院提起了诉讼。2019年10月16日，司法法院作出的一审判决对先正达巴西不利。2019年10月21日，先正达巴西向法院提交了澄清该判决的动议，公司未披露案件后续进展。

（3）巴西联邦税务机关以先正达巴西涉嫌进口转移定价以及漏报向先正达集团乌拉圭公司出口收入为由，对先正达巴西在2013年纳税年度的企业所得税以及基于净利润的社会贡献费进行了稽核。2020年1月，一项对先正达巴西有利的第一级行政裁决撤销了前述稽核，此案转入第二级行政程序的自动审查环节。公司未披露案件后续进展。

（4）巴西联邦税务机关以先正达巴西漏报向先正达集团乌拉圭公司出口收入为由，对先正达巴西在2014年和2015年纳税年度的企业所得税以及基于净利润的社会贡献费进行稽核。先正达巴西于2020年1月15日提起了一级行政复议，其后，2020年10月，一项对先正达巴西有利的第一级行政裁决撤销了前述稽核，此案转入第二级行政程序的自动审查环节。公司未披露案件审理结果。

上述2003及2011财务年度的税务争议共涉及金额约为4亿巴西雷亚尔[①]，上述2013年至2015财务年度的税务争议共涉及金额约为3.4亿巴西雷亚尔。先正达集团认为上述案件的最终判决均可能对先正达巴西有利，因此按照相关会计准则未计提负债。

---

① 根据2023年11月7日外汇牌价，1巴西雷亚尔≈1.4897人民币。

（二）先正达与巴西联邦税务局的进口税归类争议

1996年，因原药阿特拉津的进口税归类问题，先正达巴西与巴西联邦税务局进入行政程序。截至目前，已有17项针对先正达巴西的行政裁决，进而引发了相应数量的诉讼。就其中的15起案件，一审法院已作出了对先正达巴西有利的判决，联邦税务局办公室已就该等案件提起上诉。其余2起案件正在等待一审法院的判决。如果出现对先正达巴西不利的后果，合计最高的或有负债可能会达到4 000万巴西雷亚尔（含利息）。根据相关会计准则，考虑到承担责任的概率，先正达集团未就该等案件计提重大预计负债。

（三）先正达与英国税务机关的反避税争议

2011年，瑞士先正达下属的先正达控股有限公司在内部重组中以债权和股权相结合的方式收购了先正达英国。英国税务机关以反避税为由对此项收购的贷款利息提出质疑，称该收购的实施仅是为了减少税负。2013年至2018年期间，英国税务海关总署每年均会向先正达控股有限公司发函，告知公司该署核查了其2011年至2016年的纳税申报表。2019年10月4日，英国税务海关总署就前述核查出具了结案通知，先正达控股有限公司已就该等结案通知提起上诉。

该事项已计提预计负债，截至2020年12月31日的预计负债金额为4 131万英镑[①]。

（四）先正达与西班牙税务机关反避税争议

西班牙税务机关对瑞士先正达子公司Zeraim Iberica SAU于2008年至2009年及2011年至2013年期间的转移定价问题进行了税务审计，因税务机关对Zeraim Iberica SAU采用的利润水平是否满足应税行为的公平交易实质存疑。前述案件已上诉并提交至西班牙国家法院，但由于与前述类似的针对2006年至2007年期间的案件此前曾上诉至西班牙最高法院但被驳回，因此，

① 根据2023年11月7日外汇牌价，1英镑≈8.9800人民币。

就2008年至2009年及2011年至2013年期间上诉的案件，亦有很大风险会被驳回。前述事项已计提预计负债。2019年3月，Zeraim Iberica SAU收到了税务机关来函，要求其支付2008年至2009年的应付款项。Zeraim Iberica SAU支付了相应金额，因此针对2008年至2009年的预计负债已不再计提。截至2020年12月31日，有关前述案件的预计负债金额为509万美元。

（五）先正达与意大利税务机关反避税争议

2015年9月，意大利税务机关对瑞士先正达在意大利的子公司Syngenta Italia S.p.A.开展了主动审计，涉及2011年至2012年。前述审计于2015年12月完结，有两个事项受到了质疑与稽核：（1）税务机关对当地分销活动利润水平适用当地的基准，即2011年为6.6%，2012年为5.5%，但Syngenta Italia S.p.A.一直在使用泛欧洲的基准，即3%的最低利润水平；（2）对于从Syngenta Supply AG［该公司已与先正达植保（瑞士）合并］购买的产品价格中所暗含的特许权使用费，可能会被征收预提所得税。前述事项可能影响到2001年至2020年期间，涉及的预计负债金额为3 229万美元（截至2020年12月31日）。瑞士先正达已提起上诉。公司未披露案件后续进展。

（六）先正达与孟加拉税务机关反避税争议

2012年至2018年期间，先正达孟加拉国有限公司（“先正达孟加拉”）就税务委员会的所得税稽核向孟加拉国达卡税务法庭（第一级）提起了多项上诉，因税务委员会“（1）不允许某些支出税前抵扣；（2）超额估计销售额；（3）征收利息；（4）超额估计营业外所得；（5）将应付货款作为所得处理”，导致超额核算了2008年至2017年期间的企业所得税，累计超出20亿孟加拉塔卡[①]。考虑到先正达孟加拉已预缴税款，若争议结果不利，可以用预缴款抵扣大部分税款。先正达集团认为先正达孟加拉对所有案件均有充分理由，正在等待相关上诉裁决。该等案件涉及金额总计约为1 243万美元，根据相关会

① 根据2023年11月7日外汇牌价，1孟加拉塔卡≈0.0660人民币。

计准则，暂未就该等案件计提预计负债。

鉴于先正达集团业务的复杂性和广泛性，各成员公司之间经常互相使用知识产权并提供商品或服务，且相应服务、产品与人身和环境安全之间存在密切关系，因此先正达集团不时与税务机关发生有关转让定价等方面的纠纷，或发生关于产品责任、知识产权、生物技术、产品监管、商业事项、侵权、合同、反垄断指控、雇佣事宜、环境影响和其他事项的诉讼，包括上述案件和纠纷。

三、启示

（一）“走出去”企业将面临更为严格的反避税监管

税收是国家财政收入的最主要来源。为加强税收监管，很多国家一方面进行税制改革，另一方面广泛利用信息化手段来提升征管能力。

对先正达而言，因业务范围覆盖全球100多个国家和地区，其在多个国家均遭遇税务机关针对不同类型的关联交易的反避税调查，且涉案金额巨大。

在全球经济增长放缓、各国财政收入压力增大的背景下，“走出去”企业必将面临比以前更为严厉的反避税监管。

（二）“走出去”企业税务合规势在必行

依法合规经营，是“走出去”企业得以在东道国立足、发展和壮大的基础。

一些缺乏走出去经验的企业，不重视税务合规问题，甚至将国内一些“不合规”的经验用到海外经营中。这些企业一旦被东道国的税务部门实施税务稽查或反避税调查，往往不仅会被要求补缴税款和滞纳金，还可能要缴纳巨额罚款，甚至可能构成犯罪。

（三）积极主动通过法律救济手段应对税务争议

“走出去”企业在境外遭遇税务稽查或反避税调查时，应积极主动采用法律手段寻求法律救济。有关《招股说明书》披露的在6个国家遭遇的反避税调查案件，先正达均采取了法律救济措施。一些案件已取得良好的效果。

很多“走出去”企业因畏惧当地政府部门的打击报复，而不敢或不愿寻求法律救济，导致巨额损失。这实际是对法律救济的误解。法律救济本质上是一种与税务部门沟通的手段。有理、有据、有节的法律救济，不仅不会遭受打击报复，还可能赢得当地税务部门的尊重，为日后的长远经营打下坚实的基础。

除了根据东道国的相关法律规定采取如复议、诉讼等救济手段外，“走出去”企业在遭遇境外的反避税调查过程中，还可以寻求中国税务机关、政府部门、驻外使领馆等的帮助，或利用税收协定 / 投资协定等来寻求帮助和救济。

（四）建立有效的税务管理制度

为实施税务风险管理、优化经营税负，“走出去”企业应逐步建立和完善集团的税收管理制度。有条件的企业应招募专门的国际税务人员统筹海外经营的税务管理问题。必要时，企业也可聘请外部顾问来降低合规风险、优化税务管理。

第四篇

税务优化的边界与法律责任

第十一章

税务优化的边界

11

第一节　税务优化与税务违法

一、税务优化与“偷逃税”

“偷税”与“逃税”在行为认定上没有本质的区别，都属于国家重点打击的税收违法行为。两者的区别在于，“偷税”属于《税收征收管理法》规定的违法行为，“逃税”则是《中华人民共和国刑法》（以下简称《刑法》）有关“逃避缴纳税款罪”的打击对象。

与“偷逃税”行为不同，合规性是税务优化安排的前提。

二、税务优化与“避税”

中国现行的税收法规并未对何谓“避税”进行界定。根据所得税反避税制度的规定，“避税行为”最重要的特征是，交易安排不违反法律的明文规定，但不具有合理商业目的或缺乏商业实质。从法律后果而言，税务机关可以对导致少缴税款的“避税行为”进行纳税调整，要求补缴税款，个别情况下可能会加征相当于银行同期贷款的利息，但不涉及罚款和滞纳金。

税务优化与“避税”的相同点在于，两者都可能实现减少、免除或推迟缴纳税款的目的，且两者都不违反法律的明文规定。

税务优化安排与“避税”安排的主要区别体现在两个方面：（1）是否具有合理商业目的。税务优化具有合理商业目的，但避税安排通常缺乏合理商业目的。（2）法律责任不同。税务机关有权对不具有合理商业目的且导致少缴税款的避税行为进行纳税调整。税务优化安排属于合法行为，不涉及承担法律责任。

第二节　“税务优化”认识误区及失败案例

现实中，人们对“税务优化”方案有很多不同的认识，也有很多误解。有人认为“税务优化”方案很高深，非“重金”不足以窥探。也有人认为，“税务优化”不过是一些“金点子”“小窍门”，所谓的“秘籍”不过是一层“窗户纸”，一句话就能捅破，没什么技术含量。更有老板认为，所谓的“税务优化”不过是一种不容易被税务机关发现的高明的“偷税”行为。

在笔者看来，“税务优化”不高深、不神秘，但也不简单。税务优化方案的选择和落地实施，不仅需要法理和法规依据的支撑，还包含了很多的经验和风险防控措施。

下面是笔者在实务中碰到的几个“税务优化”失败案例，供读者参考。

一、盲目自信，忽视执行细节和风险防控

（一）案情回顾

案例 11-1： 个人收取的财务顾问费，2019 年 1 月 1 日之前需要按劳务报酬所得缴纳个人所得税，税率最高可达 40%；2019 年之后该所得需要并入综合所得缴纳个人所得税，税率最高可达 45%。

2021 年之前，设立采用核定征收方式征收个人所得税的个人独资企业和合伙企业，是常见的税务优化安排。假定核定征收的应税所得率为 10%，这意味着通过核定征收的个人独资企业和合伙企业收取财务顾问费的个税最高税率仅为 3.5%，相比最高 45% 的综合所得个税税率，税率大幅下降。

2019 年 2 月，某从事融资顾问服务的自然人王某因给某房地产企业提供

融资顾问服务，拟收取 2 000 万元人民币的财务顾问费。双方合同约定，合同履行过程中的相关税费根据法律规定各自承担，个人收到款项后应给付款方开具合法有效的增值税普通发票。

2019 年 3 月，王某收到房地产公司支付的 2 000 万元财务顾问费。为降低个人所得税的税负并向房地产公司开具发票，经免费咨询中介机构后认为设立个体工商户开票是好的节税方案。但王某认为该方式很简单，自己直接去注册也能获得核定征收待遇，没有必要花中介费。因此，王某在 2019 年 4 月自行注册了核定征收的个人独资企业，开具了发票并按核定征收方式缴纳了税款。

2020 年 4 月，王某办理个人独资企业的注销时，税务机关发现王某名下的个人独资企业并没有收款记录，怀疑王某的个人独资企业涉嫌虚开发票。虽然王某如实告知了整个事情的真实情况，但因个人独资企业的注册成立时间晚于合同签订日和王某个人的收款时间，且个人独资企业没有收款记录，税务机关并不认可王某的缴税方式。最终，王某将该笔收入并入综合所得按 45% 的税率补缴了个人所得税。

（二）启示

实践中有大量因未做好核定征收过程中的税务风险防控而不能享受核定征收待遇，或者被认定为从事虚开发票等违法活动的案例。这说明，再简单的税务优化方案，如果忽视执行细节和风险防控，不仅不能得到预想的结果，还可能因触犯法律而遭受处罚。

二、盲目操作，未考虑税收政策变化的影响

（一）案情回顾

案例 11-2：甲公司是一家公司制基金管理公司。甲公司作为普通合伙人于 2017 年 1 月发起成立有限合伙制私募股权投资基金 A，A 基金的有限合

伙人均为境内自然人。A 基金并非创投企业。为节省项目退出时潜在的个人所得税，甲公司将 A 基金设立在允许核定征收的 S 市。

2020 年，S 市全面取消股权投资类企业的核定征收政策，并按查账征收方式执行对自然人 LP 按 5% ～ 35% 的税率征税的政策。A 基金管理公司经多方打听获知 T 市仍然对自然人 LP 执行 20% 的比例税率。经多方考察确认，2021 年初，甲公司决定委托某中介机构办理将 A 基金从 S 市迁往 T 市的工作。受新型冠状病毒肺炎疫情的影响，A 基金历经 1 年最终于 2022 年初完成迁址工作。但不幸的是，A 基金刚刚搬迁完成不到 2 个月，T 市取消了对有限合伙制基金自然人 LP 执行 20% 税率的征税待遇，改为执行按 5% ～ 35% 的税率征收个人所得税。

（二）启示

A 基金为降低自然人 LP 的个税真是操碎了心，但 A 基金在整个迁址决策中的问题在于，没有审慎评估税收政策变化的影响。

2019 年 1 月国家税务总局发布《关于创业投资企业个人合伙人所得税政策问题的通知》（财税〔2019〕8 号）后，全国各地已经陆续取消了对除有限合伙制创投企业自然人外，其他有限合伙企业自然人 LP 按 20% 征税的待遇。截至 2021 年底，全国仅有极个别地方还在执行。但从近年的监管趋势可以合理预见，T 市过去执行口径不可能长久，而 A 基金的投资项目并没有近期要退出的计划。因此，A 基金完全没有必要迁址。

正是由于缺乏对政策变化和未来趋势的预判，A 基金虽然付出了迁址成本，但并未达到预期的效果。

三、盲目复制，未结合企业的具体情况导致多缴税

（一）案情回顾

案例 11-3：A 企业是一家于 2015 年 1 月在上海市崇明区注册成立的有限合伙制企业，合伙人均为境内自然人。2015 年 2 月，A 企业出资 5 000 万

元人民币持有甲公司 10% 的股权。为降低未来退出时合伙人潜在的个人所得税税负，A 企业选择采用核定征收的方式缴纳个人所得税。

2019 年 12 月，A 企业与 B 公司签订股权转让协议，约定 A 企业以人民币 5 400 万元的价格将其持有的甲公司 10% 的股权转让给 B 公司。

根据 10% 的应税所得率计算，A 企业合伙人总计缴纳的个人所得税总额为人民币 1 883 450 元（54 000 000 × 10% × 35%−6 550）。

（二）启示

如果按查账征收方式计算，即使不考虑 A 合伙企业投资期间的其他成本，A 企业合伙人应纳的个人所得税总额为 1 393 450 元［（54 000 000−50 000 000）× 35%−6 550］，远低于按核定征收方式计算缴纳的税额。

盲目复制“税务优化方案”、未结合企业或项目的具体情况及时调整，是 A 企业多缴个税的直接原因。因 A 企业未结合项目退出时的具体情况及时调整税款征收方式，导致采用核定征收方式反而多交了个人所得税。

四、经验不足，未评估执行环节的现实困难

（一）案情回顾

案例 11-4：甲公司是一家在北方某市注册成立的有限公司，主要从事人工智能和自动驾驶领域的研发业务，拥有上百人的研发团队。2022 年初，甲公司被评为该市的“专精特新企业”。

2021 年，南方 G 市向甲公司发出招商引资邀请。根据 G 市政府的承诺，如果甲公司将总部搬迁到 G 市，将给予甲公司一系列政府扶持政策（包括办公场地、高管个税奖励、财政奖励等一系列优惠和补贴）。同时，G 市将通过政府产业投资基金向甲公司增资数亿元人民币。

甲公司因在迁址过程中遇到一系列的障碍，最终放弃直接迁址。

（二）启示

现行法律法规并未对一般市场主体在中国境内的迁址作出禁止或限制性规定。但因迁址可能对迁出地带来一系列不利影响，跨区迁址某些情况下会遭遇现实的困难。对迁出地而言，迁址后企业未来的税收将从迁出地转移到迁入地，影响迁出地的 GDP 和财政收入，甚至可能影响迁出地的就业。因此，迁出地的地方政府可能会对企业的迁出设置一些障碍。如果企业历史期间的纳税额较大或享受过相应的优惠或财政扶持，实务中跨区迁址往往比较难操作。

本案中，甲公司管理层因缺乏经验，对迁址的现实困难估计不足，导致迁址方案无法实施。

五、投机取巧，未严格遵守政策文件的制定精神

（一）案情回顾

案例 11-5：甲公司是一家在北京注册成立的高科技企业。为降低高管人员的个税负担，2021 年 1 月，甲公司决定在海南设立全资子公司，并从 2021 年 3 月开始将部分高管的劳动合同变更为与海南子公司签署，社保也迁往海南子公司。通过该安排，海南子公司的相关人员取得的符合条件的工资、薪金所得可享受最高不超过 15% 的个人所得税优惠。

因个别高管在北京有买房买车等方面的需求，需要保留在北京的社保记录。为此，个别高管选择在北京和海南两地同时缴纳社保。

2022 年汇算清缴后，同时在北京和海南两地缴纳社保的高管未能获得超过 15% 的税率部分的退税。但其他只在海南一地缴纳社保的高管均从税务机关及时取得了超过 15% 的税款的退税，享受了海南的个税优惠。

（二）启示

《中华人民共和国社会保险法》并未禁止个人在两地缴纳社保，但个人两

地缴纳社保，并不能重复享受社保待遇。实务中，基于各种目的（比如本案例中为保留在北京的买房买车资格等），个人可能选择在两地缴纳社保。

中共中央和国务院印发的《海南自由贸易港建设总体方案》（以下简称《总体方案》）规定，对一个纳税年度内在海南自由贸易港累计居住满183天的个人，其取得来源于海南自由贸易港范围内的综合所得和经营所得，按照3%、10%、15%三档超额累进税率征收个人所得税。海南省人民政府印发的《海南自由贸易港享受个人所得税优惠政策高端紧缺人才清单管理暂行办法的通知》（琼府〔2020〕41号），将“累计居住满183天”的标准变通为“一个纳税年度内在海南自由贸易港连续缴纳基本养老保险等社会保险6个月以上（须包含本年度12月当月）”。

2021年开始，海南自由贸易港逐步加大对享受15%个税优惠的核查力度。海南税务局认为，个人如果在两地缴纳社保，意味着个人可能同时在其他地方工作，无法证明个人“一个纳税年度内在海南自由贸易港累计居住满183天”。因此，海南在2021年度汇算清缴时取消了大量在两地缴纳社保的个人享受15%个税优惠的待遇。

该案警示纳税人，申请和享受税收优惠切忌投机取巧。2022年9月海南省发布了新《海南自由贸易港享受个人所得税优惠政策高端紧缺人才清单管理暂行办法的通知》（琼府〔2022〕31号）。琼府〔2022〕31号文重新明确，除特定人员外，享受海南个税15%优惠的个人，必须满足一个纳税年度内在海南自由贸易港累计居住满183天的条件。

六、“比特币避税”，名为“优化”，实为“偷税”

（一）案情回顾

案例11-6： 在我国禁止比特币等数字货币交易之前，一些从事“挖矿”或“矿机”托管交易的公司，曾开发出一种利用“比特币避税”的新型“避税方案”。

根据该方案，有“避税”需求的公司从“矿机托管公司”或第三方购买

"矿机"(计算机硬件设备),"矿机托管公司"或第三方给买方开具增值税专用发票。公司随后将"矿机"托管给"矿机托管机构"用于"比特币挖矿",公司按期支付电费。"矿机托管机构"收取管理费和电费后,向公司开具发票。"矿机托管机构"将挖出的比特币支付给公司股东的个人"钱包"。因"比特币"等加密货币的"虚拟性"和"私密性",实务中往往难以被外界知悉。

通过该方案,公司一方面取得了用于抵扣税款的发票,另一方面也悄无声息地将"资产"(比特币等数字货币)转入个人腰包。

(二)启示

"比特币避税"方案看似"高明",但实质可能涉嫌"偷税"。就购买矿机的支出和电费支出而言,公司虽有真实支出但该支出可能与公司的生产经营无关。根据《企业所得税法》的规定,与取得收入无关的支出不能在企业所得税税前扣除。

公司通过"挖矿"取得"比特币"本身,可能并不构成公司的收入。但公司并未将所得的"比特币"归为公司的资产,且后续出售"比特币"的所得归入个人名下,这显然属于明显的偷税行为。

因此,"比特币避税",名为"优化",实为"偷税"。当前,由于我国对"比特币挖矿"和"比特币交易"的禁止,该方案已很少被适用。

七、过度筹划,忽视了企业的整体效益

(一)案情回顾

案例 11-7:甲公司是一家现代服务业企业,主要涉及缴纳企业所得税和增值税。为最大限度降低企业税负,甲公司采用了如下税务规划方案:(1)2016 年 1 月,在新疆喀什注册成立全资子公司乙,以享受喀什地区"五免五减半"的企业所得税优惠;(2)招聘挂名退伍军人,享受每人每年 6 000

元的抵扣税款优惠。[①]

因该企业收入额较大但税负率较低，乙公司在 2017 年度被税务机关稽查。税务机关稽查发现，乙公司招聘的退伍军人仅是挂名，并未实际任职和领取收入。最终，税务机关将该行为定性为偷税，取消了乙公司享受的企业所得税和增值税优惠。乙公司不仅补缴了相关的税款和滞纳金，还被处以 0.5 倍的罚款。

（二）启示

乙公司的业务符合喀什地区的鼓励类产业目录，且符合享受“五免五减半”的税收优惠条件。

如果乙公司没有利用挂名退伍军人“规避”增值税，本可以合法合规地享受企业所得税“五免五减半”的优惠政策。但因乙公司过度筹划，意图将税负降到最低，并采用了一些“不合规”的操作，最终适得其反。

第三节　税务优化服务乱象与整治

伴随着自媒体和短视频的兴起，一段时间以来，网络平台涌现大量“避税大法”“节税秘籍”“税筹方案”“省税妙招”“税收策划”等吸引眼球的广告宣传。市场上众多涉税中介八仙过海、各显神通，各家都打着“合法合规”的旗号。但有几家真的练就了经得起法律审视的不败金身?

2022 年 4 月，国家税务总局、国家互联网信息办公室、国家市场监督管理总局三部门印发《关于规范涉税中介服务行为促进涉税中介行业健康发展的通知》（税总纳服发〔2022〕34 号），明确自 2022 年 4 月至 9 月，开展规范涉税中介服务行为相关工作，着力解决涉税中介违规提供税收策划服务、帮助纳税人逃避税，以及在各类自媒体、互联网平台发布违法违规信息招揽业务、歪曲解读税收政策、扰乱正常税收秩序等问题，促进涉税中介

① 根据规定，招聘退伍军人的，可在 3 年（36 个月）内按实际招用人数予以定额依次扣减增值税、城市维护建设税、教育费附加、地方教育附加和企业所得税。

行业健康发展。一些貌似“合理合法的方案”在税务整治中原形毕露。一些涉嫌虚假宣传的中介机构被税务局处罚，实施了不合理税务安排的纳税人不仅需要补缴税款、滞纳金，还被处以罚款，涉嫌犯罪的还可能要承担刑事责任。

2022年7月7日，上海市税务局官网披露了“上海税警破获一起团伙式、跨区域重大骗取留抵退税案件”，涉及虚开发票价税合计金额55.87亿元。根据披露，主犯均具有财税专业背景，曾出版过涉税筹划书籍，对税收优惠政策进行过深入研究，属于高学历专业犯罪。由其操控的虚开团伙通过设立跨区域、多层级的开票企业，企图以纷繁复杂的业务流、发票流躲避税务部门的执法监管。

2022年9月21日，国家税务总局网站曝光了4起涉税中介违规发布涉税虚假宣传信息被处理的典型案例。针对涉税中介机构，税务部门依据《涉税专业服务监管办法（试行）》的相关规定，下调相关涉税专业服务机构信用等级，扣减其涉税专业服务信用积分。对其中存在违规开展税收筹划帮助纳税人偷逃税、自身纳税申报不实等问题的涉税中介，税务部门将其列为重点监管对象，暂停受理其所代理的涉税业务，涉嫌犯罪的已移送公安机关立案侦查。

企业在聘请中介机构进行税务优化时，应优先选择有资质和经验丰富的机构进行合作。

第四节　常见税收违法及避税行为法律责任

一、偷税的行政责任

（一）主要行政责任

《税收征收管理法》第六十三条对纳税人、扣缴义务人的偷税违法行为的认定及相应的法律责任作了规定：“纳税人伪造、变造、隐匿、擅自销毁账簿、记账凭证，或者在账簿上多列支出或者不列、少列收入，或者经税务机关通知申报而拒不申报或者进行虚假的纳税申报，不缴或者少缴应纳税款的，是偷税。对纳税人偷税的，由税务机关追缴其不缴或者少缴的税款、滞纳金，并处不缴或者少缴的税款百分之五十以上五倍以下的罚款；构成犯罪的，依法追究刑事责任。扣缴义务人采取前款所列手段，不缴或者少缴已扣、已收税款，由税务机关追缴其不缴或者少缴的税款、滞纳金，并处不缴或者少缴的税款百分之五十以上五倍以下的罚款；构成犯罪的，依法追究刑事责任。”

（二）其他行政责任

为创建社会信用体系、深化“放管服”改革和促进市场公平竞争，2016年12月30日，34家部委和单位联合签署了修订版的《关于对重大税收违法案件当事人实施联合惩戒措施的合作备忘录（2016版）》[以下简称《合作备忘录（2016版）》]。该备忘录在2014版的基础上提档升级，联合惩戒单位由21个扩大到34个，惩戒范围由18项扩大到28项。

惩戒对象为案件中所列明的当事人。当事人为自然人的，惩戒的对象为当事人本人；当事人为企业的，惩戒的对象为企业及其法定代表人、负有直接责任的财务负责人；当事人为其他经济组织的，惩戒的对象为其他经济组织及其负责人、负有直接责任的财务负责人；当事人为负有直接责任的中介机构及从业人员的，惩戒的对象为中介机构及其法定代表人或负责人，以及相关从业人员。

《合作备忘录（2016版）》明确指出，税务机关将通过信用信息共享平台等信息技术手段定期向签署备忘录的部门和单位提供重大税收违法案件及当事人信息。同时，相关名单信息在税务机关门户网站、“信用中国”网站和国家企业信用信息公示系统进行公示，供社会查阅。相关部门和单位收到相关名单后，根据约定的内容对其实施惩戒，并及时或定期将联合惩戒措施的实施情况通过信用信息共享平台进行反馈。

纳税人如被实施联合惩戒将可能寸步难行。根据《合作备忘录（2016

版）》，针对自然人或企业负责人的惩治措施包括：阻止出境，限制担任相关职务，禁止部分高消费行为，向社会公示，对失信注册执业人员等实施市场和行业禁入，撤销荣誉称号、取消参加评先评优资格，支持行业协会商会对失信会员实行警告、行业内通报批评、公开谴责、不予接纳、劝退等。针对企业的惩治措施包括：纳税信用级别直接判为D级，将重大违法信息作为金融机构融资授信参考，限制取得政府供应土地，依法禁止参加政府采购活动，禁止适用海关认证企业管理，限制证券期货市场部分经营行为，限制保险市场部分经营行为，禁止受让收费公路权益，依法依规限制政府性资金支持，从严审核企业债券发行、依法限制公司债券发行，依法限制进口关税配额分配，通过主要新闻网站向社会公布重大违法案件信息，限制从事互联网信息服务，依法限制参与有关公共资源交易活动，依法限制参与基础设施和公用事业特许经营，强化外汇管理，在行政许可、新增项目审批核准、强制性产品认证、授予荣誉等方面予以参考，进行必要的限制或者禁止等。

二、偷税的刑事责任

2009年2月28日，《中华人民共和国刑法修正案（七）》获得通过，将原来的“偷税罪”修改为“逃避缴纳税款罪”（简称“逃税罪”）。

（一）“逃税罪”刑事责任

《刑法》第二百零一条是有关逃避缴纳税款罪刑事责任的规定。该条第一款和第二款规定：“纳税人采取欺骗、隐瞒手段进行虚假纳税申报或者不申报，逃避缴纳税款数额较大并且占应纳税额百分之十以上的，处三年以下有期徒刑或者拘役，并处罚金；数额巨大并且占应纳税额百分之三十以上的，处三年以上七年以下有期徒刑，并处罚金。扣缴义务人采取前款所列手段，不缴或者少缴已扣、已收税款，数额较大的，依照前款的规定处罚。”《刑法》第二百零一条第四款是有关初犯免责的规定。根据规定，“经税务机关依法下达追缴通知后，补缴应纳税款，缴纳滞纳金，已受行政处罚的，不予追究刑事责任；但是，五年内因逃避缴纳税款受过刑事处罚或者被税务机关给予二次以上行政处罚的除外”。

（二）“逃税罪”立案标准

最高人民检察院和公安部印发的《关于公安机关管辖的刑事案件立案追诉标准的规定（二）》（2022年修订版，以下简称《立案追诉标准（二）2022版》）第五十二条，对“逃避缴纳税款罪”的立案标准进行了更新。根据该条规定，逃避缴纳税款，涉嫌下列情形之一的，应予立案追诉：

- 纳税人采取欺骗、隐瞒手段进行虚假纳税申报或者不申报，逃避缴纳税款，数额在十万元以上并且占各税种应纳税总额百分之十以上，经税务机关依法下达追缴通知后，不补缴应纳税款、不缴纳滞纳金或者不接受行政处罚的；
- 纳税人五年内因逃避缴纳税款受过刑事处罚或者被税务机关给予二次以上行政处罚，又逃避缴纳税款，数额在十万元以上并且占各税种应纳税总额百分之十以上的；
- 扣缴义务人采取欺骗、隐瞒手段，不缴或者少缴已扣、已收税款，数额在十万元以上的。

纳税人在公安机关立案后再补缴应纳税款、缴纳滞纳金或者接受行政处罚的，不影响刑事责任的追究。

三、虚开发票行为及其法律责任

（一）发票的功能

根据《中华人民共和国发票管理办法》（以下简称《发票管理办法》）第三条的规定，发票是指在购销商品、提供或者接受服务以及从事其他经营活动中，开具、收取的收付款凭证。中国的发票是由政府部门监制的制式发票。

在中国现行的财税体制下，发票兼具多重功能。发票不仅是交易凭证、财务记账凭证，也是公司的企业所得税税前扣除凭证和增值税进项税额抵扣凭证。除了小额零星业务外，企业之间发生应税行为必须以发票作为企业所得税税前扣除凭证。实务中，即使存在真实的购销业务和款项支付，如果没有取得合规发票，税务机关通常也不允许支付方将该支出进行税前扣除。

（二）虚开发票行为产生的原因

正因为发票具有税款抵扣功能，一些希望少缴税款的纳税人经常选择通过一些非法渠道获取发票来虚增成本或增值税进项税额。

为打击通过虚开发票获取非法利益的行为，《发票管理办法》及《刑法》分别对“虚开发票”行为的行政责任及刑事责任作出了规定。

（三）对虚开发票行为的认定

“虚开发票”的“虚”，指与真实情况不符。《发票管理办法》及《刑法》对虚开发票行为的认定一致，均采用宽泛的“虚开”认定口径。

“虚开发票”，不仅包括为他人、为自己虚开发票，还包括让他人为自己虚开、介绍他人虚开的行为。

（四）虚开增值税专用发票罪的法律责任

1．刑事责任

《刑法》第二百零五条是有关虚开增值税专用发票，用于骗取出口退税、抵扣税款发票罪的规定。该罪采用双罚制，对单位和相关个人均处以刑罚。

《刑法》第二百零五条规定：“虚开增值税专用发票或者虚开用于骗取出口退税、抵扣税款的其他发票的，处三年以下有期徒刑或者拘役，并处二万元以上二十万元以下罚金；虚开的税款数额较大或者有其他严重情节的，处三年以上十年以下有期徒刑，并处五万元以上五十万元以下罚金；虚开的税款数额巨大或者有其他特别严重情节的，处十年以上有期徒刑或者无期徒刑，并处五万元以上五十万元以下罚金或者没收财产。

“单位犯本条规定之罪的，对单位判处罚金，并对其直接负责的主管人员和其他直接责任人员，处三年以下有期徒刑或者拘役；虚开的税款数额较大或者有其他严重情节的，处三年以上十年以下有期徒刑；虚开的税款数额巨大或者有其他特别严重情节的，处十年以上有期徒刑或者无期徒刑。”

2．立案标准

根据《立案追诉标准（二）2022版》的规定，虚开增值税专用发票或者虚开用于骗取出口退税、抵扣税款的其他发票，虚开的税款数额在十万元以上或者造成国家税款损失数额在五万元以上的，应予立案追诉。

3．量刑标准

结合《立案追诉标准（二）2022版》和最高人民法院印发《关于虚开增值税专用发票定罪量刑标准有关问题的通知》（法〔2018〕226号）的规定等，对于虚开的税款数额在十万元以上或者造成国家税款损失数额在五万元以上的，处三年以下有期徒刑或者拘役，并处二万元以上二十万元以下罚金；虚开的税款数额在五十万元以上或者有其他严重情节的，处三年以上十年以下有期徒刑，并处五万元以上五十万元以下罚金；虚开的税款数额在二百五十万元以上或者有其他特别严重情节的，处十年以上有期徒刑或者无期徒刑，并处五万元以上五十万元以下罚金或者没收财产。

（五）虚开发票罪的法律责任

1．刑事责任

《刑法》第二百零五条之一是有关虚开发票罪的规定。虚开发票罪同样采用双罚制。

虚开普通发票，情节严重的，处二年以下有期徒刑、拘役或者管制，并处罚金；情节特别严重的，处二年以上七年以下有期徒刑，并处罚金。

单位犯前款罪的，对单位判处罚金，并对其直接负责的主管人员和其他直接责任人员，依照前款的规定处罚。

2．立案标准

根据《立案追诉标准（二）2022版》，虚开不同发票，涉嫌下列情形之一的，应予立案追诉：

- 虚开发票金额累计在五十万元以上的；
- 虚开发票一百份以上且票面金额在三十万元以上的；
- 五年内因虚开发票受过刑事处罚或者二次以上行政处罚，又虚开发票，数额达到第一、二项标准百分之六十以上的。

（六）“虚开发票”与“偷税”行为竞合的处理

对利用虚开发票手段实现偷逃税款目的的行为，是应该按“偷逃税”行为处理还是按虚开发票处理，实践中存在不确定性，各地税务机关的处理并不一致。

当虚开行为未达到虚开发票罪（包括虚开增值税专用发票罪和虚开发票罪）的刑事立案标准但造成税款损失时，税务机关多按偷税处理。当虚开行为未达到虚开发票罪立案标准且未造成税款损失（如亏损企业收受普通发票的行为）时，税务机关通常选择按虚开发票给予行政处罚。

利用虚开的增值税发票逃税且达到刑事责任立案标准时，实务中多以虚开发票罪定罪。

四、避税行为的法律责任

避税行为并不违反法律的明文规定。因此，避税不涉及罚款和滞纳金，更不可能涉及刑事责任。

根据《企业所得税法》及其实施条例的规定，企业实施其他不具有合理商业目的的安排而减少其应纳税收入或者所得额的，税务机关按照合理方法作出纳税调整。需要补征税款的，应当补征税款，并按照税款所属纳税年度中国人民银行公布的与补税期间同期的人民币贷款基准利率加 5 个百分点计算利息。企业依法提供有关资料的，可以只按前款规定的人民币贷款基准利率计算利息。

第十二章 税务稽查案件与法律救济

12

企业或其投资人在经营过程中，可能会因各种原因而违反税收法规或政策的规定。纳税人的有些违法行为可能是为了故意偷税，有些则是由于对税收规则的无知或者误解。

在改革开放初期法制不健全、税务机关征管能力和技术手段有限的情况下，纳税人的税收违法行为被发现的概率较低。近年来，伴随着税收法制的不断完善、征管体制的优化重组、征管信息化技术的迭代升级，税务机关的征管能力大幅提升。税务稽查从传统的经验执法转向精确执法。借助金税工程的大数据和信息化系统，税务机关可以“精准”定位纳税人的涉税风险点，并针对性地实施税务稽查。

但商业创新永远走在税收法规的前面。在税收规则改变之前，某些商业创新可能涉嫌税收违法。与此同时，税收规则的模糊和征纳双方立场的不同，也经常造成对同一行为定性和理解的差异，争议在所难免。

面对争议，正确表达陈述、申辩意见，依法提起听证、复议、诉讼等行政救济，并不意味着“对抗”。相反，这是一种再正常不过的沟通途径。聘请税务律师进行法律救济和专业沟通，才是有效化解征纳双方分歧的争议解决之道。

第一节　郑 ×× 偷税稽查案及启示

2021 年 8 月 27 日，国家税务总局上海市税务局在其官网披露对明星郑 ×× 偷逃税案件的处理经过。

一、案情回顾

（一）案件来源及稽查案范围

郑 ×× 偷逃税案件来源于举报人举报。

2021 年 4 月初，上海市税务局第一稽查局（以下简称“上海稽查局”）依法受理关于郑 ×× 涉嫌偷逃税问题的举报后，在国家税务总局指导督办下，在天津、浙江、江苏、北京等地税务机关配合协助下，针对举报人举报郑 ×× 利用“阴阳合同”涉嫌偷逃税问题，以及 2018 年规范影视行业税收秩序以后郑 ×× 参加的演艺项目和相关企业及人员涉税问题开展全面深入检查。

（二）稽查持续时间

自上海稽查局依法受理至案件处理完毕，历时 4 个多月。税务机关对十几个省市的几十户企事业单位和上百位证人进行取证，调查和分析了大量的财务和资金数据，查明了案件事实并依法进行了处理。

（三）税务机关认定的违法事实

税务机关经检查认定，郑 ××2019 年至 2020 年未依法申报个人收入 1.91 亿元，偷税 4 526.96 万元，其他少缴税款 2 652.07 万元。

1．“阴阳合同”

郑 ×× 于 2019 年主演电视剧《倩女幽魂》，与制片人约定片酬为 1.6 亿元，实际取得 1.56 亿元，分为两个部分收取。其中，对第一部分 4 800 万元，将个人片酬收入改变为企业收入进行虚假申报、偷逃税款；对第二部分 1.08 亿元，制片人与郑 ×× 实际控制公司签订虚假合同，以“增资”的形式支付，规避行业监管获取“天价片酬”，隐瞒收入进行虚假申报、偷逃税款。在《倩女幽魂》项目中，根据郑 ×× 违法事实认定为偷税 4 302.7 万元，其他少缴税款 1 617.78 万元。

2．以企业收入名义改变个人收入性质进行虚假申报

2018 年规范影视行业税收秩序后，郑 ×× 另有其他演艺收入 3 507 万元，同样存在以企业收入名义改变个人收入性质进行虚假申报的问题。根据郑 ×× 违法事实认定为偷税 224.26 万元，其他少缴税款 1 034.29 万元。

（四）税务处理

上海稽查局对郑 ×× 追缴税款、加收滞纳金并处罚款共计 2.99 亿元。其中，依法追缴税款 7 179.03 万元，加收滞纳金 888.98 万元；对改变收入性质偷税部分处以 4 倍罚款，计 3 069.57 万元；对收取所谓“增资款”完全隐瞒收入偷税部分处以 5 倍“顶格”罚款，计 1.88 亿元。

依据《行政处罚法》第四十四条相关的规定，上海稽查局依法向郑 ×× 送达了《税务行政处罚事项告知书》。对此，郑 ×× 未提出听证申请。之后，依法向郑 ×× 正式下达《税务处理决定书》和《税务行政处罚决定书》，限其在规定期限内缴清税款、滞纳金及罚款。

（五）救济程序

郑 ×× 接受税务机关的处理和处罚，在规定期限内缴清全部税款和滞纳金，未实施法律救济。

二、郑 ×× 偷逃税案分析

（一）稽查案件来源

“为什么会查我？”这是每个被税务稽查的纳税人都会发出的灵魂拷问。

郑 ×× 被查是因为被举报。但对税务稽查部门而言，稽查案件的信息来源远不止举报一种。国家税务总局印发的《税务稽查案源管理办法（试行）》（税总发〔2016〕71 号），根据案源信息的来源不同，将案源分为 9 种类型，见表 12-1。

表 12-1　案源的 9 种类型

序号	类型	解释
1	推送案源	根据风险管理等部门按照风险管理工作流程推送的高风险纳税人风险信息分析选取的案源
2	督办案源	根据上级机关以督办函等形式下达的，有明确工作和时限要求的特定纳税人税收违法线索或者工作任务确认的案源
3	交办案源	根据上级机关以交办函等形式交办的特定纳税人税收违法线索或者工作任务确认的案源
4	安排案源	根据上级税务局安排的随机抽查计划和打击偷税（逃避缴纳税款）、逃避追缴欠税、骗税、抗税、虚开发票等稽查任务，对案源信息进行分析选取的案源
5	自选案源	根据本级税务局制定的随机抽查和打击偷税（逃避缴纳税款）、逃避追缴欠税、骗税、抗税、虚开发票等稽查任务，对案源信息进行分析选取的案源
6	检举案源	对检举线索进行识别判断确认的案源
7	协查案源	对协查线索进行识别判断确认的案源
8	转办案源	对公安、检察、审计、纪检监察等外部单位以及税务局督察内审、纪检监察等部门提供的税收违法线索进行识别判断确认的案源
9	其他案源	对税务稽查部门自行收集或者税务局内、外部相关单位和部门提供的其他税收违法线索进行识别判断确认的案源

但税务稽查部门不是对所有收到的案源信息都会立案稽查，而是会对收集的案源信息进行识别和判断，根据案源类型、纳税人状态、线索清晰程度、税收风险等级等因素，进行退回或者补正、移交税务局相关部门、暂存待查、调查核实（包括协查）、立案检查等分类处理。

以举报案源为例，只有举报内容详细、线索清楚的案源，稽查部门才会立案稽查。在郑 ×× 偷税案件中，因举报人之一是其前经纪人张 ××，对举报人的偷税行为有相对详细清晰的证据，税务部门才最终立案。实务中，税务机关对一些没有实质内容的举报材料并不会立案。

（二）“阴阳合同”是否属于偷税

1.“偷税”的构成要件

《税收征收管理法》第六十三条列举了纳税人偷税的“行为方式”，包括：“伪造、变造、隐匿、擅自销毁账簿、记账凭证，或者在账簿上多列支出或者不列、少列收入，或者经税务机关通知申报而拒不申报或者进行虚假的纳税申报。”

同时，国家税务总局以个案批复的形式明确指出，纳税人应具有“偷税”的主观故意才可能构成《税收征收管理法》第六十三条规定的偷税。表 12-2 概述了国家税务总局发布的个案批复文件及主要内容：

表 12-2　国家税务局发布的偷税认定个案批复文件

序号	文件名称	文号	主要内容
1	《国家税务总局办公厅关于呼和浩特市昌隆食品有限公司有关涉税行为定性问题的复函》	国税办函〔2007〕513 号	•《税收征收管理法》未具体规定纳税人自我纠正少缴税行为的性质问题，在处理此类情况时，仍应按《税收征收管理法》关于偷税应当具备主观故意、客观手段和行为后果的规定进行是否偷税的定性 • 税务机关在实施检查前纳税人自我纠正属补报补缴少缴的税款，不能证明纳税人存在偷税的主观故意，不应定性为偷税
2	《关于北京聚菱燕塑料有限公司偷税案件复核意见的批复》	税总函〔2016〕274 号	……据此，从证据角度不能认定该企业存在偷税的主观故意。综上，我局同意你局的第二种复核意见，即不认定为偷税
3	《国家税务总局关于税务检查期间补正申报补缴税款是否影响偷税行为定性有关问题的批复》	税总函〔2013〕196 号	纳税人在稽查局进行税务检查前主动补正申报补缴税款，并且税务机关没有证据证明纳税人具有偷税主观故意的，不按偷税处理

综上，《税收征收管理法》中“偷税”的认定，应同时满足以下 3 个条件：（1）存在主观故意；（2）实施了偷税行为；（3）因故意实施偷税行为造成

了少缴税款的后果。

2.“阴阳合同”是否属于偷税

2017 年，影视行业的“天价片酬”引发广泛关注。为规范行业发展、遏制行业乱象，2018 年 11 月，国家广播电视总局发布了《关于进一步加强广播电视和网络视听文艺节目管理的通知》(广电发〔2018〕60 号)。广电发〔2018〕60 号文要求，严格执行已出台的电视剧网络剧（含网络电影）成本配置比例行业自律规定，每部电视剧网络剧（含网络电影）全部演员片酬不超过制作总成本的 40%，其中主要演员不超过总片酬的 70%。

实践中，为了规避“限薪令”或演员薪酬税费，有些艺人会与制片方签订约定不同交易价款的“阴阳合同”。对外的“阳”合同用于政府部门备案或缴税，对内的“阴”合同则是双方真实意思的合同。

《民法典》第一百四十六条规定，行为人与相对人以虚假的意思表示实施的民事法律行为无效。以虚假的意思表示隐藏的民事法律行为的效力，依照有关法律规定处理。“阴阳合同”中，“阳”合同是为隐匿收入、偷逃缴纳税款的目的签订，应属无效。但“阴合同”载明了艺人的真实薪酬，系当事人真实的意思表示，该合同有效，应当按此合同约定的价格申报缴纳税款。

在郑 ×× 因 2019 年主演电视剧《倩女幽魂》实际取得的 1.56 亿元片酬中，税务机关将其分为两部分分别进行定性。其中，对于 4 800 万元的片酬部分，税务机关将其界定为“将个人片酬收入改变为企业收入进行虚假申报、偷逃税款”；对于剩余的 1.08 亿元片酬，税务机关将其界定为制片人与郑 ×× 实际控制公司签订“阴阳合同”规避行业监管、隐瞒收入进行虚假申报、偷逃税款。

虽然公开信息并未披露，笔者猜测，4 800 万元的片酬部分属于“限薪令”限额内的部分，而剩余的 1.08 亿元片酬则属于“超过限薪令”金额的部分。

税务机关认为，郑 ×× 通过实际控制公司与制片人签订虚假合同，以“增资”的形式支付，属于典型的“阴阳合同”。通过“阴阳合同”规避税款的行为，属于《税收征收管理法》第六十三条的不列、少列收入的偷税行为，需要承担相应的法律责任。

（三）“改变收入性质”是“偷税”还是“避税”

纳税人享有安排自身事务以使纳税义务最小化的权利。基于此一般共识，通常认为，“改变收入性质”因不违反税收法规政策的明文规定，而被归为“避税”。

“偷税”和“避税”在法律责任方面存在巨大差异。“避税”行为不涉及罚款和滞纳金，更不会涉及刑事责任。而实施“偷税”行为的纳税人，除了补缴“税款”和“滞纳金”，还可能涉及罚款，甚至承担刑事责任。

在本案中，税务机关将改变收入性质的行为（将个人片酬收入改变为企业收入）界定为“虚假申报、偷逃税款”，并按偷税进行处理。

（四）偷税金额数千万，为何不用坐牢

本案中，税务机关最终认定的偷税金额为 4 526.96 万元，其他少缴税款为 2 652.07 万元。这对普通人而言，绝对称得上“天价”。但为何郑 ×× 并未因此“坐牢”？是因为“明星”有某种“特权”吗？

当然不是，法律面前人人平等。郑 ×× 之所以不用坐牢，是因为其在税务机关作出处理和处罚之后，接受处理并在规定时限内补缴了税款、滞纳金和罚款。根据《刑法》第二百零一条的规定，纳税人有偷税行为，经税务机关依法下达追缴通知后，补缴应纳税款，缴纳滞纳金，已受行政处罚的，不予追究刑事责任；但是，五年内因逃避缴纳税款受过刑事处罚或者被税务机关给予二次以上行政处罚的除外。

因此，本案中郑 ×× 虽然偷税数额巨大，但并不需要“坐牢”。

（五）偷税行为的处罚尺度

根据《税收征收管理法》的规定，“对纳税人偷税的，由税务机关追缴其不缴或者少缴的税款、滞纳金，并处不缴或者少缴的税款百分之五十以上五倍以下的罚款；构成犯罪的，依法追究刑事责任”。

本案中，税务机关根据纳税人不同行为的性质作了不同的处罚。针对有关纳税人采用“阴阳合同”实施的“偷税行为”，税务机关对其顶格处以少缴

税款 5 倍的罚款。针对纳税人采取的将个人片酬改变为公司收入的“偷税行为”，税务机关则对其处以少缴税款 4 倍的罚款。

相比一般的偷税行为，税务机关对郑 ×× 的税务处罚不可谓不严厉。

三、案件启示

（一）高收入人群的税务监管趋势

40 多年的改革开放，在使中国居民收入水平整体大幅提高的同时，也造就了一批先富起来的高收入群体。初次分配中，个体之间的收入水平受到资源禀赋、智力水平、人生际遇等的影响，产生差异不可避免，这无可厚非，也是市场竞争的必然结果。但收入和贫富差距过大，不仅不利于社会发展，也影响社会稳定。

2021 年 8 月 17 日，习近平总书记在主持召开的中央财经委员会第十次会议上指出，“要坚持以人民为中心的发展思想，在高质量发展中促进共同富裕，正确处理效率和公平的关系，构建初次分配、再分配、三次分配协调配套的基础性制度安排，加大税收、社保、转移支付等调节力度并提高精准性，扩大中等收入群体比重，增加低收入群体收入，合理调节高收入，取缔非法收入，形成中间大、两头小的橄榄型分配结构，促进社会公平正义，促进人的全面发展，使全体人民朝着共同富裕目标扎实迈进”。

税收作为二次分配手段，对调节收入分配、缩小收入差距和促进社会公平具有重要作用。税务机关多次发文要求加强对高收入人群的个税监管。2021 年 3 月，中共中央办公厅、国务院办公厅印发了《关于进一步深化税收征管改革的意见》，再次强调要求依法加强对高收入高净值人员的税费服务与监管。但个税制度实施以来的很长一段时间，由于受到监管能力、技术手段的制约，中国对高收入人群的个税监管相对薄弱。

伴随着个人所得税相关法规和征管制度的完善、信息化和大数据对税务机关征管能力的提升，中国的高收入人群正面临前所未有的严格监管。税务机关正在构建“信用 + 风险”新型动态监管机制，依托税收大数据开展分析监控预警，提高风险应对的精准性。制度与数字技术的融合优化，一方面可以营造一个法治的公平竞争环境，另一方面可有效预防和打击高收入人群的各种税务违规行为。

（二）文娱行业税务监管

个税监管聚焦于重点行业（高收入行业）和重点人群（高收入人群）。早在 2001 年，国家税务总局就在《关于进一步加强对高收入者个人所得税征收管理的通知》（国税发〔2001〕57 号）中，将“娱乐业企业”列为高收入行业，将“演员”和文娱行业的“经纪人”等列为高收入人群。

2018 年之前，文娱行业的高回报吸引了众多投资机构和“热钱”的涌入。但网络平台和资本对文娱行业的扩张和深度参与，也导致文娱行业出现了过度商业化倾向。流量至上、天价片酬、明星“塌房”、偷税漏税等行业乱象层出不穷。

行业乱象招致重拳整治，税收专项整顿、“晴朗行动”、“饭圈”乱象治理、限薪令、禁止劣迹艺人复出等具体措施纷至沓来。税收方面，伴随着范 ×× 偷税事件的发酵，2018 年 6 月，中央宣传部、文化和旅游部、国家税务总局、国家广播电视总局、国家电影局等联合印发《关于进一步加强广播电视和网络视听文艺节目管理的通知》，要求加强对影视行业天价片酬、“阴阳合同”、偷逃税等问题的治理，控制不合理片酬，推进依法纳税，促进影视业健康发展。2018 年 10 月 9 日，国家税务总局发布《关于进一步规范影视行业税收秩序有关工作的通知》（税总发〔2018〕153 号），为期近一年的影视行业税收专项整治正式拉开序幕。

郑 ×× 偷税案查处结果公布后不久，国家税务总局办公厅在 2021 年 9 月 18 日发布通知，要求进一步加强文娱领域从业人员税收管理。2018 年以来文娱行业的第二次行业整治在第一次整治时隔一年之后再次开始。

作为税务机关眼里的高收入行业，影视明星、网红主播等高收入人群将受到税务机关的持续关注，税务合规势在必行。

（三）偷税和避税

“偷税”和“避税”虽然理论上容易分清，但实务中，各方基于不同的立场，对同一行为可能产生截然相反的认识。

但从实践来看，对于影响力较大的公众案件，税务机关往往更倾向于采用更严格的执法尺度。

（四）税务处罚

行政罚款的幅度属于税务机关自由裁量权的范畴。就偷税行为而言，税务处罚通常是基于少缴税款的 0.5 倍至 5 倍之间。实务中，税务机关对偷税行为处以超过 1 倍罚款的情形较为少见，主要针对情节严重或恶劣的行为。

但在本案中，税务机关对郑 ×× 通过改变收入性质偷税部分处以 4 倍罚款；对采用“阴阳合同避税”（名义上以收取所谓“增资款”完全隐瞒收入）的行为，处以 5 倍“顶格”罚款。原因何在？

笔者认为，这主要是因为如下 3 个方面的原因：（1）偷税金额巨大。（2）“阴阳合同避税”是税务机关重点打击的税收违法行为。税务机关在 2018 年曾多次发文严禁“阴阳合同”行为，但郑 ×× 并未纠正，性质恶劣。（3）郑 ×× 属于国内知名艺人。税务机关希望通过案件的处理对其他纳税人起到警示和教育作用。

第二节　郑 ×× 偷税案中案及启示

2021 年 10 月 18 日，国家税务总局上海市税务局在其官网披露了对张 ×× 税务处罚案件的查处经过。该案是上海市税务局第一稽查局在查处郑 ×× 偷逃税案件中发现的，属于郑 ×× 偷税案中案。

一、案情回顾

（一）案件来源

上海市税务局第一稽查局前期在郑 ×× 偷逃税案件检查过程中，发现张

××帮助郑××偷逃税款，因此依法进行立案检查。

（二）税务机关认定的违法事实

2018年12月，张××负责郑××拍摄《倩女幽魂》的演艺合同签订、演出报酬和支付方式确定等事宜。

张××与制片方等共同商讨郑××片酬的拆分及收款方式，策划具体操作细节，确定了1.6亿元的片酬数额及支付方案：拆分为4 800万元和1.12亿元两个部分，并对1.12亿元（实际取得1.08亿元）部分，双方商定由制片方对郑××实际控制公司以“增资”的形式支付。之后，张××与郑××商定了设立收款公司、提供“增资”合同等事宜。在片酬支付过程中，张××多次向制片方催款。张××通过上述违法行为，掩盖“天价片酬”，帮助郑××偷逃税款。

（三）税务处罚

税务机关对其处以郑××在《倩女幽魂》项目中偷税额（4 302.7万元）0.75倍的罚款，计3 227万元。

二、案件启示

（一）帮助偷税也要承担法律责任

长久以来，税务稽查中鲜有对“为纳税人、扣缴义务人偷税提供帮助”的相关人员的处罚案例。这导致实践中，一些为纳税人偷逃税提供帮助的人员和中介机构认为，自己不是纳税人，无须承担相关法律责任。

这显然是一种误解。《税收征收管理法实施细则》第九十三条规定：“为纳税人、扣缴义务人非法提供银行账户、发票、证明或者其他方便，导致未缴、少缴税款或者骗取国家出口退税款的，税务机关除没收其违法所得外，可以处未缴、少缴或者骗取的税款1倍以下的罚款。”

上海税务局依据该规定，对张××帮助郑××偷逃税款的行为处以0.75倍的罚款。

（二）0.75 倍罚款的依据和考量

0.75 倍的罚款符合《税收征收管理法实施细则》第九十三条规定的不超过 1 倍的限额。同时，根据《行政处罚法》第三十二条的规定，当事人配合行政机关查处违法行为有立功表现的，应当从轻或者减轻行政处罚。

张 ×× 作为郑 ×× 偷税案的举报人，对查处偷税违法行为有立功表现，依法应当从轻或者减轻行政处罚。上海税务机关认为，张 ×× 通过策划组织、沟通接洽、具体操作等行为，帮助郑 ×× 偷逃税款，影响恶劣，同时考虑张 ×× 是郑 ×× 偷税案件的举报人之一等有关情节，故依法对其处以郑 ×× 在《倩女幽魂》项目中偷税额（4 302.7 万元）0.75 倍的罚款。

第三节　自然人股权转让偷税案及法律救济

一、案情回顾

甲公司是一家于 2013 年成立的房地产开发公司，实收注册资本 3 000 万元人民币。2015 年 2 月股权转让交易发生前，公司的股东结构如图 12-1 所示。

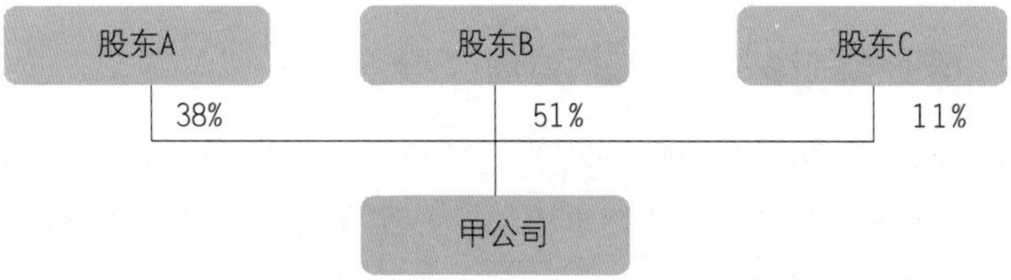

图 12-1　2015 年 2 月股权转让前公司股权结构图

（一）股权转让交易

1．股权转让协议

2015 年 2 月 12 日，甲公司的自然人股东 A 将其持有的甲公司 38% 的股权转让给自然人股东 B 指定的自然人 D。

《股权转让协议》约定，经双方确认，转让方A持有甲公司38%股权的实际价值为5 244万元人民币。经协商，转让方同意股权实际转让价格为人民币3 500万元整，该转让价款为税后价款。转让价款分两次支付，协议签订后2日内受让方支付第一笔转让款1 000万元至双方开设的监管账户；剩余2 500万元，由受让方、担保人出具担保欠据，在办理股权转让登记至新股东名下后6个月内一次性付清，并由受让方从协议签订之日起至实际给付之日止按月息2%承担利息，利息随欠款本金一次性付清。受让方可提前偿还欠款，并按实际欠款日承担利息。

同时，自然人股东A、自然人股东B、自然人D三方签订《债务转让协议书》，约定由自然人D受让自然人股东A向自然人股东B借款的1 760万元的债务，作为股东A将甲公司38%的股权转让给自然人D的条件。

2．工商变更

双方在2015年2月13日签订了按成本价（1 140万元）转让股权的另一份协议（以下简称《工商版股权转让协议》），用于工商变更。受让方向转让方出具书面《承诺函》，承诺《工商版股权转让协议》系为办理变更登记之用，不作为双方股权转让的真实依据，双方仍以2015年2月12日签订的《股权转让协议》为准执行。

受让方按期支付了第一步股权转让款，双方于2015年2月15日完成了工商变更登记手续。

3．税款缴纳

自然人股东A按照《工商版股权转让协议》约定的转让价格在办理工商登记前申报缴纳了5 700元的印花税。

另外，自然人股东A按照《工商版股权转让协议》约定的转让价格的2%预缴了22.8万元的个人所得税，税款由自然人D支付。

（二）股权转让纠纷及终审判决

因受让方逾期支付剩余2 500万元的股权转让价款，双方发生诉讼纠纷。

经高院终审，法院判决，受让方支付转让方 2 500 万元的剩余股权转让价款，并自 2015 年 2 月 16 日起至实际给付之日按月 2% 支付利息。

2018 年 9 月，转让方收到受让方通过法院转交的 2 500 万元股权转让尾款，及累计 2 100 多万元的利息。

（三）税务稽查及处理

2020 年 8 月，税务机关向自然人股东 A 下发《税务检查通知书》，对自然人股东 A 在 2015 年转让甲公司股权的涉税情况进行检查。2022 年 4 月，自然人股东 A 收到稽查局的《税务处理决定书》，主要内容概述如下：

1．少缴税款情况

少缴个人所得税。自然人股东 A 于 2015 年 2 月将甲公司 38% 的股权转让给自然人 D，实际取得股权转让收入 6 600 多万元（3 500+1 000+2 100），可减除的股权原值为 17 671 039 元、合理费用为 17 500 元（股权转让过程中发生的印花税），应申报“财产转让所得”收入应纳税所得额 4 800 多万元，应缴纳个人所得税约 969 万元，已缴纳 22.8 万元，少申报个人所得税约 946 万元（其中 2015 年 2 月个人所得税约 524 万元，2018 年 9 月个人所得税约 423 万元）。

少缴印花税。自然人股东 A 于 2015 年 2 月与自然人 D 签订《股权转让协议书》，转让价格 3 500 万元，应申报缴纳印花税 17 500 元，已申报缴纳印花税 5 700 元，少申报缴纳印花税 11 800 元。

2．违法事实

自然人股东 A 在将甲公司 38% 的股权转让给自然人 D 的过程中，真实的股权转让协议是在自然人 D 受让自然人股东 A 的 1 760 万元债务为转让条件下，实际股权转让价格为 3 500 万元。在办理股权变更过程中，自然人股东 A 通过签订虚假的股权转让协议书，以 1 140 万元的股权交易金额向税务机关进行虚假的纳税申报，造成少缴 2015 年 2 月个人所得税约 524 万元。

3. 税务处理

责令自然人股东 A 补缴 2015 年 2 月个人所得税约 524 万元、印花税 11 800 元，补缴 2018 年 9 月个人所得税约 423 万元。从滞纳税款之日起至解缴税款之日止，按日加收滞纳税款万分之五的滞纳金。

二、法律救济及应对策略

在前期法律分析的基础上，结合《税务处理决定书》的内容，我们建议自然人股东 A 先通过复议实施法律救济，并制定了如下应对策略和步骤：

- 补缴税款 + 纳税担保。因自然人股东 A 资金紧张无法按照《税务处理决定书》的要求在 15 日内缴清税款和滞纳金。我们建议自然人股东 A 先补缴部分税款和滞纳金，不足部分通过纳税担保方式补足。
- 以房产进行纳税无法在 15 日完成，建议自然人股东 A 先提交纳税担保申请。
- 上述程序完成后，提起复议申请，并要求以听证的方式审理。

三、争议焦点及主要申辩意见

本案争议焦点较多，下文是笔者作为代理人在复议阶段对其中的三个争议焦点问题的申辩意见。

（一）税务机关应向谁追缴税款：转让方还是受让方

税务机关认为，自然人股东 A 通过签订虚假的股权转让协议书，以 1 140 万元的股权交易金额向税务机关进行虚假的纳税申报，构成偷税，所以向转让方自然人股东 A 追缴税款和滞纳金。

转让方自然人股东 A 认为，其应纳个税已由受让方自然人 D 代扣。而且，自然人 D 作为受让方具有法定的扣缴义务，受让方属于“已扣未缴”。根据《税收征收管理法》第六十三条，“扣缴义务人采取前款所列手段，不缴或者少缴已扣、已收税款，由税务机关追缴其不缴或者少缴的税款、滞纳金，并处不缴或者少缴的税款百分之五十以上五倍以下的罚款；构成犯罪的，依法追究刑事责任”。因此，税务机关应向受让方追缴税款和滞纳金。转让方的主要理由如下：

1．自然人 D 已扣未缴税款事实清楚

假如按稽查局的逻辑，自然人 D 未扣缴税款，根据《股权转让协议书》的上述约定，自然人 D 需要支付给转让方的价款应大于 3 500 万元（税后价款 3 500 万元 + 个人所得税）。但稽查局和自然人 D 并未提供证据证明自然人 D 支付了大于 3 500 万元的“税前转让价款”。

2．受让方在稽查笔录中有关“未扣缴”税款的辩解不能成立

受让方认为，受让方有关“未扣缴”的理由不能成立，主要理由如下：

第一，受让方“未扣缴”个税的言辞证据与作为客观书证的《股权转让协议》矛盾。股权转让协议明确约定交易价款为税后价款，受让方虽主张其未扣缴，但又不能举证证明其支付了超过税后价款的转让价格。

第二，受让方主张其“认为自然人股东 A 没有所得，不应缴纳个人所得税，所以没有注意到税后约定”的辩解不能成立。如果受让方认为自然人股东 A 没有所得，不应缴纳个人所得税，那为何不在合同中约定“税费各自承担”或者不作有关“税后价款”的约定？

第三，如果受让方认为其未注意到合同价款是税前还是税后，为何在预缴税款环节愿意主动承担转让方预缴的 22.8 万元的个人所得税？

第四，案件涉及股权转让交易的实际购买人 B 是有数十年经商经验的成熟商人。购买人 B 有关其未注意价款是税前还是税后的辩解与其经历不符，不合常理。

3．“法定扣缴义务”+“税后价款”的合同约定=扣缴义务人书面承诺代纳税人支付税款

自然人D作为案涉股权转让交易的受让方，具有法定的扣缴义务和《股权转让协议》约定的税款承担义务。“法定扣缴义务”不因纳税人的约定而改变，无须作单独的书面承诺。而且，“税后价款”的合同约定，已充分说明自然人D已扣税款。

因此，转让方认为，“法定扣缴义务”+“税后价款”的合同约定=扣缴义务人书面承诺代纳税人支付税款。

根据国家税务总局转发并要求各税务机关学习贯彻的《最高人民法院关于审理偷税抗税刑事案件具体应用法律若干问题的解释》（法释〔2002〕33号）第一条规定，“扣缴义务人书面承诺代纳税人支付税款的，应当认定扣缴义务人‘已扣、已收税款’”。

（二）能否向转让方追缴税款

《税收征收管理法》第六十三条有关“偷税”及法律责任的认定，须同时满足3个条件：存在主观故意，实施了《税收征收管理法》规定的偷税行为，因故意实施偷税行为造成了少缴税款的后果。

转让方认为，其不构成《税收征收管理法》第六十三条规定的偷税，主要理由如下：

1．转让方不具有偷税的主观故意

《股权转让协议》已明确约定“转让价款为税后价款”，税后约定表明，转让方不具有偷税的主观故意。

2．转让方未实施提供“虚假计税依据”的偷税行为

预缴阶段提交的《股权转让协议》不是正式的汇算清缴资料，不应作为提供“虚假计税依据”的偷税行为。

（三）是否应加收滞纳金

根据《税收征收管理法》第六十九条的规定，“扣缴义务人应扣未扣、应收而不收税款的，由税务机关向纳税人追缴税款”，但无权加收滞纳金。国家税务总局发布的《关于行政机关应扣未扣个人所得税问题的批复》（国税函〔2004〕1199号）规定，“按照《税收征收管理法》规定的原则，扣缴义务人应扣未扣税款，无论适用修订前还是修订后的《税收征收管理法》，均不得向纳税人或扣缴义务人加收滞纳金”。

本案中，受让方具有法定的扣缴义务。即使税务机关认为受让方应扣未扣转让方应缴税款，税务机关也不应向转让方加收滞纳金。

四、案件结果及启示

（一）案件结果

税务机关撤销了追缴转让方2015年度应纳税款的处理，维持了追缴2018年税款的规定，并退还了多缴的税款。纳税人接受了该结果。

（二）启示

纳税人应对稽查中的一个常见误区是过度相信熟人和关系的力量，忽视了专业沟通。本案前期，纳税人试图通过熟人和关系来化解争议，但并未起到任何的作用。

笔者所在团队介入后，进行了大量详尽细致的法律分析，制定了正确的应对方案，最终通过专业沟通圆满化解了争议，赢得了征纳双方的认可。

第十三章 涉税刑事案件及法律救济

13

企业经营一旦触犯《刑法》，大概率会给企业带来灭顶之灾。如果刑事罪名成立，法院不仅会对单位判处罚金，还会对直接负责的法人和其他人员判处刑罚。

《刑法》在“危害税收征管罪”一节规定了14类刑事犯罪。其中，大部分都与发票有关。虚开发票犯罪，属于企业家高发类犯罪，常年位于企业家最容易触犯的十大刑事犯罪之列。自2018年税务和公安机关等部门实施“打虚打骗”专项整治以来，很多企业家因虚开发票身陷囹圄，企业经营陷入困境。同时，个别对自身行为及违法后果缺乏认知的企业和企业家，因逃避缴纳税款罪被判刑。

鉴于刑事指控对企业和企业家的重大影响，企业经营过程中一定要注意防范涉税刑事风险，尤其是虚开发票类犯罪的风险。根据笔者多年的经验，企业或企业家面临刑事指控时，越早聘请专业辩护律师介入，越有利于刑事案件的解决。

笔者在本章将通过3个案例来说明3种常见涉税刑事犯罪的法律责任，以及辩护律师如何为当事人实施刑事辩护。

第一节　某公司逃避缴纳税款案

一、案情回顾

（一）基本事实

案例13-1： 甲公司是一家商贸企业，主要业务为向各大超市销售服装类商品。甲公司在经营中，经常面临上游供货商无法提供或不能足额提供增值税专用发票的问题。如果甲公司如实向超市开具发票，会面临因缺少进项发票而多交税款的难题。如果甲公司不向超市开具发票，又面临无法结算货款的困境。

为弥补服装类商品销售的增值税发票的不足，并顺利与各相关超市进行结算，甲公司找到采用核定征收方式纳税的个体商户 B 和 C 帮忙。2015 年 1 月至 12 月期间，应甲公司要求，个体商户 B 和 C 多次以甲公司名义从其他公司真实购进灯具、纸巾、尿不湿等各种商品，并让上述厂家将增值税发票开具给甲公司，然后以服装的品名开具增值税专用发票提供给相关超市。

（二）税务稽查及处理

2017 年 6 月 27 日，稽查局向甲公司发出税务处理决定书和税务行政处罚决定书，认定甲公司隐瞒灯具、纸巾、尿不湿等商品的销售收入，责令其补缴增值税 1 856 920.31 元、企业所得税 227 704.6 元，共计 2 084 624.91 元，并处所追缴税款总额一倍的罚款。

因甲公司拒绝履行上述处理和处罚决定书，税务机关将案件移送公安部门刑事立案。

（三）刑事判决结果

最终，终审判决认定甲公司及其法定代理人逃避缴纳税款罪名成立。

终审判决认定，甲公司采取隐瞒销售收入的手段不申报纳税，逃避缴纳税款数额巨大并且占应纳税额百分之三十以上，自然人 A 系甲公司逃税行为直接负责的主管人员，甲公司及自然人 A 的行为均已构成逃税罪。自然人 A 到案后如实供述了犯罪事实，可依法从轻处罚。

二、法律分析

（一）大数据时代，进销项品名不一致将触发税务风险

2016 年 10 月，金税三期优化版最终在全国上线。金税三期的增值税发

票管理系统，可以对企业的购销情况进行自动筛查，识别企业的进项品名与销项品名是否一致。本案是税务机关基于金税三期的风险识别系统自动发现公司存在进销项品目不一致的问题，才对公司进行的立案稽查。

如今“金三”系统已经运行成熟，“金四”系统上线在即。届时，税务系统将与工商、住房、社保等部门进行数据融通，构建起更加立体的税务防控体系。因而，企业必须重视和加强自身的税务合规管理。

（二）税务稽查应对不当可能触发刑事责任风险

本案中，甲公司及其法定代表人最终被判逃避缴纳税款罪罪名成立，与其在稽查阶段应对不当具有直接关系。

首先，如果甲公司对税务机关的处理和处罚决定不认可，应积极通过陈述、申辩、听证、复议、诉讼等程序，寻求法律救济。与其他行政争议不同，涉税争议要求“纳税前置”（先交纳税款或提供担保才能提起行政复议）和“复议前置”（经过复议才能提起行政诉讼）。在税务机关下发正式文书后，甲公司如果希望就涉税争议事宜寻求法律救济，必须遵守上述规定。

其次，在正式文书生效后，纳税人应积极履行相关文书规定的法律责任。实务中，一些纳税人天真地以为，如果企业“账上没钱”或是选择拒绝履行相关文书，税务机关也拿纳税人没办法。这种认识，不仅错误，还很致命。

本案中，甲公司及其法定代表人正是因拒不履行稽查文书而被税务机关移送公安机关立案，并最终被判逃避缴纳税款罪名成立。如果甲公司能在文书下达后积极补缴税款和接受处罚，本可以免于刑事处罚。但甲公司最终却为自身的无知付出了惨痛的代价。

第二节　利用合规不起诉免于刑事处罚案

一、案情回顾

（一）基本案情

案例 13-2：甲公司是一家于 2009 年 1 月 8 日成立的有限公司，主营高科技产品和服务的推广与销售业务。

2018 年度至 2019 年度，甲公司从无真实交易的第三方取得增值税专用发票，并抵扣进项税额 120 万余元。

2020 年，公安机关以甲公司涉嫌虚开增值税专用发票为由立案侦查。甲公司负责人 A 经公安机关电话通知，主动投案，并如实供述全部犯罪事实。2020 年 10 月 15 日，甲公司负责人 A 在律师的见证下，自愿签署认罪认罚具结书，表示认罪认罚。

（二）合规不起诉

经律师建议，甲公司负责人 A 同意争取合规不起诉，甲公司主动补缴了税款和滞纳金。同时，甲公司准备了书面资料，全面介绍了甲公司的业务模式和产品，上下游客户，公司现状和未来发展规划，员工人数，公司历年取得的荣誉、资质和证书，公司近 5 年的收入和纳税情况、负责人的个人情况和参与的公益活动等。

检察机关审查律师提交的甲公司资料后，同意对甲公司和负责人 A 适用合规不起诉制度。2021 年 8 月，检察机关依法对甲公司及其负责人作出不起诉决定。

二、虚开专票是企业家高发类犯罪

（一）企业家必须重视发票合规

虚开增值税专用发票罪，一直是民营企业最容易涉刑的罪名之一。北京师范大学中国企业家犯罪预防研究中心发布的《企业家刑事风险分析报告2020》显示，在2020年民营企业家高频罪名中，虚开发票位列第四。

中国对单位犯虚开增值税专用发票罪实行双罚制，对单位判处罚金的同时，还对其直接负责的主管人员和其他责任人员判处刑罚。虚开风险一旦爆发，企业法人和实际控制人通常难辞其咎。而企业和企业家如因虚开增值税发票犯罪被判刑，往往会给企业造成严重的伤害和打击，甚至带来灭顶之灾。

因此，企业家在日常经营活动中必须重视发票合规、预防虚开风险。

（二）虚开税额250万元以上，即可判处10年以上有期徒刑

鉴于虚开行为对国家税基的严重侵蚀，中国一直以来对虚开增值税专用发票违法行为保持严厉打击的态势。2011年之前，虚开增值税专用发票犯罪最高可判处死刑。2011年2月25日，《中华人民共和国刑法修正案（八）》取消了作为非暴力犯罪的虚开增值税专用发票罪的死刑罪名。

当前，虚开增值税发票犯罪的最高刑罚为无期徒刑。而且，虚开的税款数额在250万元以上或者有其他特别严重情节的，起刑点即为10年以上有期徒刑或者无期徒刑，可以说是非常严重的犯罪。

（三）“虚开”专项整治及“常态化”打击

2018年8月22日，国家税务总局、公安部、海关总署和中国人民银行4部委针对“假企业”虚开发票、“假出口”骗取退税高发频发的态势，部署开展为期两年的双打行动。受新型冠状病毒肺炎疫情和实践中出现的各种利用疫情防控税收优惠政策虚开问题的影响，2020年8月，4部委决定将双打行动延长至2021年6月底。根据《国家税务总局2021年法治政府建设情况报告》，3年专项整治以来，4部委总计查处涉嫌虚开骗税企业47万余户。

2021年10月，国家税务总局、公安部、最高人民检察院、海关总署、中国人民银行、国家外汇管理局6部门，建立了常态化打击虚开骗税违法犯罪工作机制。根据国家税务总局稽查局有关领导介绍，截至2022年9月20日，累计查处涉嫌虚开骗税企业14.35万户，同比增长55.63%；查处涉嫌骗

税的出口企业 1 578 户，同比增长 34%，挽回税款损失 42.84 亿元。[①]

三、刑事合规不起诉制度及其适用

（一）什么是“合规不起诉”

合规不起诉制度，是指检察机关对符合条件的单位犯罪案件，交由第三方监督评估组织对涉案企业在合规考察期内的合规承诺和合规管理体系进行监督和考察，如满足特定条件，检察院可以作出免予起诉的决定。合规不起诉制度符合“罪、责、刑”相一致的刑事原则，有利于激励企业完善内部治理与合规机制、预防犯罪再次发生，是检察系统贯彻“六稳、六保”以及保障民营企业健康发展精神的重要制度创新。

2020 年 3 月，最高检在上海市浦东区、金山区，江苏省张家港市，山东省郯城县，深圳市南山区、宝安区等 6 家基层检察机关开展第一期涉案企业合规改革试点工作。2021 年 4 月 8 日，最高检下发《关于开展企业合规改革试点工作方案》，第二期改革试点范围扩大至北京、浙江等 10 个地区。2022 年 4 月，最高检会同全国工商联召开会议，对全面推开改革试点工作作出具体部署。

数据显示，截至 2022 年 6 月底，全国检察机关共办理合规案件 2 382 件，其中适用第三方机制的案件 1 584 件。对整改合规的 606 家企业、1 159 人依法作出不起诉决定。

（二）适用范围和适用条件

合规不起诉制度，既适用于企业，也适用于企业的实际控制人、经营管理人员和关键技术人员，主要是针对市场主体在生产经营活动中涉及的经济犯罪、职务犯罪等案件。

2021 年 6 月，最高人民检察院发布的《关于建立涉案企业合规第三方监督评估机制的指导意见（试行）》（以下简称《指导意见》）第四条对适用合规

---

① 国家税务总局办公厅．国家税务总局落实退减缓免税费政策新闻发布会实录．[EB/OL].（2022-09-29）. http://www.chinatax.gov.cn/chinatax/n810219/n810724/c5181807/content.html.

不起诉的条件作了规定，第五条对不适用企业合规试点的情形作了列举。

根据《指导意见》第四条，对于同时符合下列条件的涉企犯罪案件，人民检察院可以根据案件情况适用合规不起诉制度：（1）涉案企业、个人认罪认罚；（2）涉案企业能够正常生产经营，承诺建立或者完善企业合规制度，具备启动第三方机制的基本条件；（3）涉案企业自愿适用第三方机制。

有下列情形之一的涉企犯罪案件，不适用企业合规试点以及第三方机制：（1）个人为进行违法犯罪活动而设立公司、企业的；（2）公司、企业设立后以实施犯罪为主要活动的；（3）公司、企业人员盗用单位名义实施犯罪的；（4）涉嫌危害国家安全犯罪、恐怖活动犯罪的；（5）其他不宜适用的情形。

从当前试点情况来看，"合规不起诉"主要适用于可能被判处 3 年以下有期徒刑的轻罪案件。但也有部分城市，如北京、上海、深圳等地在个别案件中对此有所突破。最高人民检察院检察理论研究所原所长谢鹏程在《论涉案企业合规从宽检察改革的内在逻辑》一文中，对此问题的观点如下："合规不起诉的适用范围应当限制在直接责任人员（即直接负责的主管人员和其他直接责任人员）可能判处 3 年有期徒刑以下刑罚的轻微犯罪案件，不宜扩大到可能判处 5 年有期徒刑以下刑罚的犯罪案件，更不能扩大到可能判处 7 年有期徒刑以下刑罚甚至 10 年有期徒刑以下刑罚的犯罪案件。"[①] 这一定程度上也代表了最高检当前的态度。

（三）流程

根据《指导意见》，刑事合规不起诉的启动和运行主要涉及如下 7 个阶段的工作。

- 启动申请。涉案企业、个人及其辩护人、诉讼代理人或者其他相关单位、人员认为案件符合企业合规试点以及第三方机制的适用条件时，可提出申请。
- 申请审查。人民检察院经审查认为涉企犯罪案件符合第三方机制适用

① 谢鹏程 . 论涉案企业合规从宽检察改革的内在逻辑 [J]. 民主与法制 , 2021(42):4.

条件的，可以商请本地区第三方机制管委会启动第三方机制。

- 提交专项或者多项合规计划。合规计划主要围绕与企业涉嫌犯罪有密切联系的企业内部治理结构、规章制度、人员管理等方面存在的问题，制定可行的合规管理规范，构建有效的合规组织体系，健全合规风险防范报告机制。
- 第三方组织审查合规计划，提出修改完善的意见建议，确定合规考察期限。
- 合规计划的执行和考察。第三方组织可以定期或者不定期对涉案企业合规计划履行情况进行检查和评估。第三方组织发现涉案企业或其人员尚未被办案机关掌握的犯罪事实或者新实施的犯罪行为，应当中止第三方监督评估程序，并向负责办理案件的人民检察院报告。
- 第三方组织评估考核，制作合规考察书面报告。第三方组织在合规考察期届满后，应当对涉案企业的合规计划完成情况进行全面检查、评估和考核，并制作合规考察书面报告，报送负责选任第三方组织的第三方机制管委会和负责办理案件的人民检察院。
- 检察院审查合规报告，作出起诉或不起诉决定并提出量刑建议或检察建议。人民检察院在办理涉企犯罪案件过程中，应当将第三方组织合规考察书面报告、涉案企业合规计划、定期书面报告等合规材料，作为依法作出批准或者不批准逮捕、起诉或者不起诉以及是否变更强制措施等决定，提出量刑建议或者检察建议、检察意见的重要参考。

四、案件处理及启示

（一）轻罪案件应积极沟通，适用合规不起诉

合规不起诉制度，为涉案企业和相关人员提供了免于刑事处罚的机会。当事人在选择适用合规不起诉制度之前，应与检察院和律师充分沟通。

如果与律师和检察院沟通后，涉案企业符合适用合规不起诉制度条件的，应当积极主动申请合规整改。鉴于各地对可能判处 3 年以上有期徒刑的案件能否适用合规不起诉制度的态度不完全一致，当事人对该类案件选择适用合规不起诉必须慎重，务必事先了解清楚检察机关的态度和执行口径。

本案当事人抵扣进项税额 120 万余元，属于可能被判处 3 年以上有期徒刑的案件。但经当事人和律师与检察院充分沟通，检察机关认可本案件可适用合规不起诉制度。这为案件的顺利解决创造了条件。

（二）以合规整改为起点，规范发票管理

合规整改是起点，但获取“不起诉”的结果并非终点。

企业负责人及管理层应通过合规不起诉程序，深刻认识虚开发票行为的法律后果，深入分析案发原因，识别发票管理的漏洞，并在此基础上规范和加强企业的发票合规管理。

唯有合规护航，企业方能行稳致远。

第三节　废旧物资回收企业虚开专票案

一、案情回顾

（一）甲公司商业模式

案例 13-3：甲公司是一家废旧物资回收经营企业（即“贸易企业”），上游采购主要来源于园区供应商，下游客户为生产型利废企业。

1．甲公司业务流程

甲公司废旧物资回收过程中的合同签订、资金结算、发票开具及货物交付的流程如下，见图 13-1：

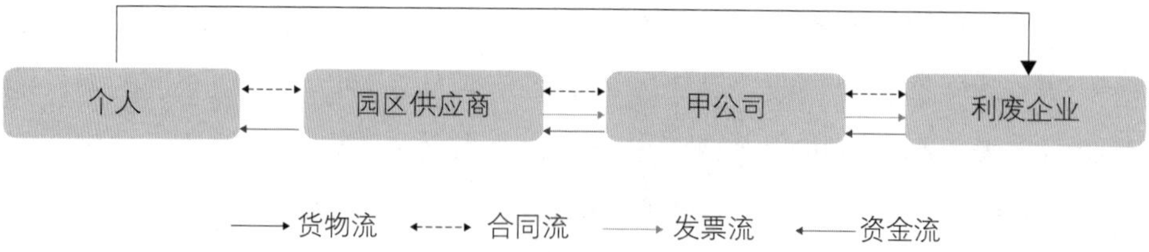

图 13-1 业务模式流程图

（1）合同。各个环节签订废旧物资买卖合同，约定货物销售的数量、质量等。

（2）资金。利废企业向甲公司支付货款，甲公司向园区供应商支付货款，园区供应商向个人支付货款。

（3）发票。园区供应商向甲公司开具增值税专用发票，甲公司向利废企业开具增值税专用发票。

（4）货物。个人将货物直接送至利废企业生产厂区。

2. 结算依据

（1）甲公司与利废企业结算。利废企业收到货物后向甲公司出具磅单、质检单、结算单等作为结算依据；利废企业与甲公司通过对账函等形式进行周期性对账。

（2）甲公司与园区供应商结算。甲公司以利废企业出具的磅单、质检单等材料所载数量为依据向园区供应商付款，甲公司与园区供应商之间每月通过对账函等形式进行对账。

3. 交易金额

2015 年至 2019 年间，甲公司向利废企业总计开具了数十亿的增值税发票，涉税金额过亿。

（二）刑事立案

2019 年，公安机关以甲公司及园区供应商涉嫌虚开增值税专用发票，对相关主体立案调查。2020 年，案件被移送检察院。

二、废旧物资回收领域虚开发票高发的原因

废旧物资回收领域虚开发票违法犯罪活动频发，主要是由于两方面的原因：行业特点和行业面临的增值税困局。

（一）行业特点与商业模式

在废旧物资回收利用领域，供需两端的矛盾推动了承担供需双方桥梁的废旧物资回收经营企业的发展。废旧物资回收领域的最上游供货方主要来自个体散户，产废企业比例较小，最下游的需求方为利废企业。

对作为需求方的利废企业而言，自行回收不仅耗费大量的时间和精力，还需要承担收购过程中发生的人力、运输和仓储等成本。而且，利废企业如果直接向散户采购废旧物资，往往难以从散户手中获得增值税专用发票，这无疑将增加利废企业的税费成本。实际供货方的散户数量众多，但却不愿向收购方开具发票，主要原因在于：（1）申请代开发票流程和报送资料复杂，不够便利；（2）申请代开发票需要承担开票应缴纳的税费，散户缺乏开票动力。

上述矛盾推进了废旧物资回收经营企业的发展。废旧物资回收经营企业的加入，一方面替利废企业承担了收购、简单筛选、初加工等繁杂的环节，另一方面解决了利废企业难以从散户取得发票的难题。但废旧物资回收经营企业同样面临难以取得进项发票的问题。

实务中，废旧物资回收经营企业和利废企业为降低增值税税负，或解决无法从供货方取得增值税专用发票的问题，经常采用虚开方式获取发票。这是废旧物资回收领域虚开发票违法行为高发的行业原因。

（二）废旧物资回收行业的增值税困局

废旧物资回收领域的增值税政策历经多次更迭。

2008 年之前，有利于行业发展的增值税优惠和宽松的税收监管环境，极大促进了再生资源行业的发展。根据财政部和国家税务总局于 2001 年发布的《关于废旧物资回收经营业务有关增值税政策的通知》（财税〔2001〕78 号），

废旧物资回收经营单位销售其收购的废旧物资免征增值税，且“生产企业增值税一般纳税人购入废旧物资回收经营单位销售的废旧物资，可按照废旧物资回收经营单位开具的由税务机关监制的普通发票上注明的金额，按 10%计算抵扣进项税额”。

2008 年 12 月 9 日，财政部和国家税务总局联合发布《关于再生资源增值税政策的通知》（财税〔2008〕157 号），取消了财税〔2001〕78 号文的优惠政策。废旧物资回收经营企业增值税进项抵扣不足的问题愈加严重、缺口巨大。但大型利废企业基于竞争压力，并不愿承担废旧物资回收经营企业通过抬高价格而转嫁的税费成本。如果不能取得进项发票且不能转嫁成本，废旧物资回收经营企业将承担散户应当缴纳的增值税，成本增加。

综上，增值税政策调整打破了再生资源行业原有商业模式下各主体的利益平衡，导致废旧物资回收经营企业进项不足、税费增加，这是废旧物资回收领域虚开发票高发的另一重要原因。

三、专项整治和风险爆发

虚开骗税等违法犯罪行为，一直是近年来涉税违法犯罪打击的重点。从 2018 年开始，税务机关针对虚开骗税等违法犯罪行为进行了为期三年半的专项整治。

而早在虚开骗税专项整治之前的 2017 年，一些地方税务机关就已开始对废旧物资行业开展税收专项整治。国家税务总局稽查局督导小组在 2017 年也在各地督导调研废旧物资专项整治工作，重点稽查江苏、浙江等 12 省市。

2021 年 4 月 29 日，国家税务总局稽查局明确将“废旧物资收购利用”作为税务稽查聚焦的重点领域。[①]2017 年至今，废旧物资回收领域的虚开风险频频爆发。

---

① 国家税务总局稽查局．税务总局贯彻〈关于进一步深化税收征管改革的意见〉精神，要求：以税收风险为导向精准实施税务监管．[EB/OL].（2021-04-29）.http://www.chinatax.gov.cn/chinatax/n810214/n2686738/n2686748/c5164172/content.html.

四、甲公司不构成虚开专票罪的辩护意见

在侦查和审查起诉阶段，笔者所在团队主要从如下几个方面来为甲公司辩护其不构成虚开专票犯罪。

（一）“指令交付”是行业惯例，没有运输和仓储费用不代表存在虚开行为

为节省运输和仓储等费用，废旧物资回收经营企业之间或与散户之间的货物转卖，通常并不发生货物物理上的转移，而是约定由最上游的供货方（多数为散户）直接将货物交付给终端利废企业。因此，在废旧物资回收领域，作为中间商的废旧物资回收经营企业通常不发生或仅发生很少的运输和仓储等费用。这属于行业惯例。

甲公司未发生运输和仓储费用，不代表甲公司没有真实的货物交易，司法机关不能就此认定甲公司实施了虚开发票的行为。甲公司的这种情况符合行业惯例，即：甲公司并不是没有真实货物交付，而是通过“指令交付”或“占有改定”的方式，完成货物的交付和所有权的转让。

（二）甲公司向利废企业付款，是为归还利废企业向甲公司出借的现金，不是“资金回流”

甲公司作为与利废企业直接签约的供货方，正常情况下应从利废企业收取款项。但本案中，甲公司却存在向利废企业支付款项的“异常”情况。公安机关认为，这属于“虚开发票”违法行为中常见的“资金回流”，并据此认为甲公司与利废企业之间不存在真实的货物交易。

但笔者认为，购销双方存在反向资金往来，并不必然是虚开中常见的“资金回流”，必须查清“反向资金流”存在的原因。本案中，甲公司向利废企业支付资金，是为归还利废企业向甲公司提供的借款。在废旧物资回收业务实践中，散户将废旧物资送至利废企业时，采购方需要向散户以现金结算货款。如果按照合同关系和正常的资金支付流程，需要由园区供应商向散户

支付现金。但出于交易便利考虑，甲公司与利废企业的结算模式为：利废企业借给甲公司现金用于向散户结算货款。后期，为保证“三流”一致，利废企业会向甲公司再次全额支付货款，甲公司收到货款后再将利废企业借给自己的现金通过公户归还。这才导致了购销双方存在反向资金往来。

甲公司归还利废企业出借资金的行为，是民事主体之间正常的资金借贷往来，不能以此认定甲公司与利废企业之间不存在真实的货物交易，亦不能进一步得出甲公司实施了虚开行为的结论。而且，甲公司与利废企业之间的借款协议、收据等证据证明，双方之间存在真实的借贷关系。甲公司提供的散户签字的收据证明，甲公司确实将资金支付给散户。

（三）甲公司与园区供应商存在真实的货物交易，散户挂靠园区供应商并向甲公司开票不属于“虚开”发票

公安机关认为，甲公司与园区供应商不存在真实的货物交易，其从园区供应商取得发票为虚开发票。主要原因在于：园区供应商多数为纯粹的壳公司，无实际经营场所，无业务人员，部分园区供应商注册地址在同一大楼，且存在交叉任职和办税人员重叠的情况，主要承担开票、收款和结算等职能，属于典型的“壳公司”。

作为辩护律师，笔者向检察机关详细解释了废旧物资回收业务的整个业务流程、园区供应商存在的意义及经营模式。园区供应商是地方政府招商引资企业，享受地方政府的财政和税收奖励等优惠。作为实际供货方的散户是通过挂靠园区供应商的模式来进行经营。首先，园区供应商的存在有效解决了散户向甲公司开具增值税专用发票的问题。其次，园区供应商因在全额缴纳增值税后享受政府财政补贴和奖励，从而解决自身的增值税税负问题。

同时，笔者表明，“挂靠”经营和开票，不属于虚开。根据对《关于纳税人对外开具增值税专用发票有关问题的公告》（国家税务总局公告 2014 年第 39 号）的解读，散户挂靠园区供应商，并通过园区供应商向甲公司开具发票的行为，不属于虚开发票。而且，《最高人民法院研究室〈关于如何认定以

“挂靠”有关公司名义实施经营活动并让有关公司为自己虚开增值税专用发票行为的性质〉征求意见的复函》（法研〔2015〕58号）也明确指出：挂靠方以挂靠形式向受票方实际销售货物，被挂靠方向受票方开具增值税专用发票的，不属于《刑法》第二百零五条规定的“虚开增值税专用发票”。

因此，甲公司与园区供应商存在真实的货物交易，散户挂靠园区供应商并向甲公司开票的行为不属于“虚开”发票。

五、启示

（一）完善业务流程，收集和保存相关证据资料

废旧物资回收领域的相关企业，应在经营中完善业务流程，注意收集和保存能证明业务真实性的相关资料，加强内部财务管理和税务风险控制，避免被税务机关或公安机关认定为虚开。

（二）关注行业税收政策变化，更新和完善业务模式

2021年12月31日，财政部和国家税务总局联合发布《关于完善资源综合利用增值税政策的公告》（财政部、国家税务总局公告2021年第40号，以下简称“财税〔2021〕第40号公告”），再次对废旧物资回收行业的增值税政策进行了调整。

根据财税〔2021〕第40号公告第一条的规定，“从事再生资源回收的增值税一般纳税人销售其收购的再生资源，可以选择适用简易计税方法依照3%征收率计算缴纳增值税，或适用一般计税方法计算缴纳增值税”。

选择简易计税方法，不仅能解决废旧物资回收经营企业难以从散户取得进项发票的问题，还可以降低其增值税税负。因此，相关主体应根据最新的政策变化更新和完善自身的业务模式。

（三）刑事阶段应尽早聘请辩护律师介入

刑事程序中，嫌疑人在审判前被羁押的时间越长，被判实刑的概率越大。因此，纳税人面临刑事指控时，应尽早聘请辩护律师介入，寻求司法救济。

本案中，辩护律师在相关人员已被羁押、公安机关坚持将案件移送检察机关的情况下，通过阅卷和调查，从案件事实、证据对事实的证明力、法律适用、行业惯例、疑点解释等角度，对案件的具体情况及核心法律问题进行分析，最终说服检察机关作出不起诉决定。

参考文献

[1] 刘剑文．财税法——原理、案例与材料［M］．4版．北京：北京大学出版社，2020.

[2] 刘剑文．国际税法学［M］．4版．北京：北京大学出版社，2020.

[3] 近藤哲郎．商业模式2.0图鉴［M］．北京：中国青年出版社，2020.

[4] 雷霆．资本交易税务疑难问题解析与实务指引［M］．北京：中国法制出版社，2016.

[5] 赵卫刚，王坤．“走出去”企业税务指南［M］．北京：中国市场出版社，2017.

[6] 韩志峰，张峥．REITs: 中国道路［M］．北京：人民出版社，2021.

[7] 中国证券投资基金业协会．中国证券投资基金业年报2021［M］．北京：中国财政经济出版社，2021.

[8] 朱长征，朱云桦．网络货运平台［M］．北京：清华大学出版社，2022.

[9] 北京师范大学中国企业家犯罪预防研究中心．企业家刑事风险分析报告（2020）［J］．河南警察学院学报，2021（4）.

[10] 魏炜，朱武祥．发现商业模式［M］．北京：机械工业出版社，2009.